PAULO PRADO

RETRATO DO BRASIL

PARTE II

CADERNOS
ULTRAMARES

ORGANIZAÇÃO E PROJETO GRÁFICO

Marcos Lacerda, Ana Paula Simonaci e Sergio Cohn

CONSELHO EDITORIAL

André Botelho

Bernardo Esteves

Boaventura de Souza Santos

Evelyn Goyannes Dill Orrico

Fréderic Vanderberghe

José Luis Garcia

Maria João Cantinho

Renato Rezende

Teresa Arijón

Vagner Amaro

ISBN 9786586962673

azougue press |
coordenação geral Sergio Cohn
coordenação editorial
Sergio Cohn — Darien Lamen — Cristián Jiménez Plaza
Brasil | CNPJ 12.272.339/0001-26
Portugal | Oca Editorial NF 515805394
USA | E. Id. 803650511
Chile | Tucán Ediciones RUT 77.369.106-1

A proposta dos Cadernos Ultramares é transpor fronteiras. Não apenas geográficas, com a edição de um amplo panorama do pensamento brasileiro para o público português, mas também entre as áreas do saber, criando uma coleção transdisciplinar, acessível não apenas para leitores especializado, pesquisadores e acadêmicos, como para interessados em geral.

Para isto, os Cadernos Ultramares privilegiam a leveza do ensaio, a "brigada ligeira", utilizando-se de um gênero marcado pela abertura e experimentação, uma forma privilegiada para a proposição e a apresentação de interpretações da cultura e da sociedade. Nos últimos anos, o gênero ensaio tem sido revalorizado como um importante meio de diálogo entre a pesquisa acadêmica e a sociedade.

O Brasil possui uma produção riquíssima de pensamento em diversas áreas, que vão da física à antropologia, da matemática às artes. Os Cadernos Ultramares, ao trazerem importantes textos de alguns dos nossos mais renomados pensadores, sejam clássicos ou contemporâneos, busca possibilitar ao leitor um olhar amplo e qualificado sobre essa produção.

Interessa-nos a constituição de um diálogo entre áreas, de uma conversa aberta que escape das armadilhas do pensamento especializado e do produtivismo acadêmico. Interessa, antes de tudo, a valorização do encontro do leitor com o sabor do texto, do prazer da leitura e da troca livre de pensamento.

apresentação

POR SERGIO COHN

Mais conhecido pelo papel central como fomentador do modernismo brasileiro, tendo participado ativamente da organização da Semana de Arte Moderna de 1922, Paulo Prado (1869-1943) foi também autor de um dos marcos inaugurais dos ensaios de interpretação do Brasil, com o livro *Retrato do Brasil — Ensaio Sobre a Tristeza Brasileira*, de 1928.

Entre os modernistas, Paulo Prado foi mais do que mecenas, atuando como figura central na configuração intelectual do modernismo brasileiro, especialmente o paulista, criando elos entre os autores modernistas e a geração anterior de intelectuais brasileiros, formada por Joaquim Nabuco, Capistrano de Abreu e Graça Aranha, além de seu próprio tio Eduardo Prado, e também com a geração de 1870 da literatura portuguesa, de nomes como Oliveira Martins, Ramalho Ortigão e Eça de Queiroz.

Em *Aspectos da Literatura Brasileira*, Mário de Andrade reflete sobre a importância de Paulo Prado:

O movimento modernista era nitidamente aristocrático. Pelo seu caráter de jogo arriscado, pelo seu espírito aventureiro ao extremo, pelo seu internacionalismo embrabecido, pela sua gratuidade antipopular, pelo seu dogmatismo prepotente, era uma aristocracia do espírito. Bem natural, pois, que a alta e a pequena burguesia o temessem. Paulo Prado, ao mesmo tempo que um dos expoentes da aristocracia intelectual paulista, era uma das figuras principais da nossa aristocracia tradicional. Não da outra mais antiga, justificada no trabalho secular da terra e oriunda de qualquer saqueador europeu, que o critério monárquico do Deus Rei já emancebara com a genealogia. E foi por tudo isto que Paulo Prado pôde medir bem o que havia de aventureiro e de exercício de perigo no movimento, e arriscar sua responsabilidade intelectual e tradicional na aventura. Uma coisa dessas não seria possível no Rio, onde não existe aristocracia tradicional, mas apenas alta burguesia riquíssima. E esta não podia encampar um movimento que lhe destruía o espírito conservador e conformista. A burguesia nunca soube perder, e isso é que a perde. Se Paulo

Prado, com a sua autoridade intelectual e tradicional, tomou a peito a realização da Semana, abriu a lista das contribuições e arrastou atrás de si os seus pares aristocratas e mais alguns que a sua figura dominava, a burguesia protestou e vaiou. Tanto a burguesia de classe como a do espírito.

Estas características arrojadas de Paulo Prado, presentes na sua ação como no seu pensamento, se aliam a uma série de outras — o que levou o escritor Eça de Queiroz a dizer, ao conhecê-lo, "Menino, tu és uma perfeição humana!" Prado era rico — vinha de uma das mais ilustres famílias de São Paulo e se tornou um importante empresário da indústria do café —, um erudito bibliófilo, um esportista e um espírito aberto, capaz de unir ao seu redor o convívio de jovens artistas que buscavam renovar a cultura e a sociedade brasileira, como Mário de Andrade, Di Cavalcanti, Villa-Lobos e Brecheret.

Paulo Prado já era um cinquentão quando escreveu *Retrato do Brasil*. O ensaio seguia na contramão dos ufanistas, buscando apresentar, com grande amparo documental conquistado das suas pesquisas em documentos raros e relatos dos primeiros cronistas (pesquisas estas realizadas com a orientação do historiador Capistrano de Abreu), o nosso "mal-estar", as profundas mazelas e entraves que dificultavam o desenvolvimento do país.

Retrato do Brasil teve uma trajetória curiosa: recebeu uma atenção muito maior que a habitual na época de lançamento, gerando calorosos debates e esgotando três impressões, para depois ir lentamente caindo no esquecimento. Desde então, teve uma ou outra reedição realizada, mas sem conseguir voltar à importância conquistada no calor da hora.

É inegável no ensaio de Paulo Prado o vigor e a originalidade, embora seja possível traçar paralelos com o mais conhecido "A estética da vida", de Graça Aranha. E embora também, como afirma Oswald de Andrade — que, no mais, tratava com respeito o texto, considerando antropofágica a sua perspectiva poética, e o denominando "glossário histórico de *Macunaíma*"— seja "manchada pelo romantismo de ricochete, que o grande escritor denuncia fartamente nas tropelias acadêmicas de São Paulo e que no entanto adota". Romantismo este mais presente nas ideias, que trazem certo teor conservador, do que no fazer literário.

De qualquer forma, é uma obra inquieta e corajosa, que merece novas leituras, não apenas por ser uma peça fundamental para entendimento da época, mas também pelo seu viés essencial — a percepção que há uma "tristeza" fundante em nossa nação. Em colaboração a isso, a coleção Cadernos Ultramares traz uma edição especial do ensaio, dividido em dois volumes: no primeiro, os capítulos "A Luxúria" e "A Cobiça", e o segundo volume trazendo os capítulos "A Tristeza" e "O Romantismo", além do pós-escrito da edição original do livro.

a TRiSTeza

Em Novembro de 1620, cento e dois peregrinos ingleses, vindos de Southampton, avistaram do pequeno navio Mayflower as costas arenosas do que é hoje o Estado de New Jersey. Procurando melhor abrigo velejaram mais ao sul até o porto depois chamado de Plymouth, em Massachussets, onde desembarcaram a 22 de Dezembro, data que a tradição nacional consagra à comemoração dos antepassados. O frio era intenso nesse sombrio inverno de país do Norte. Em meio de tempestades de chuva e neve, receando o ataque dos indígenas escondidos nas matas vizinhas, os peregrinos acenderam na praia um fogo que os alumiou e aqueceu durante a noite inclemente. No dia seguinte, como era sábado, interromperam para o repouso dominical os trabalhos de instalação: somente os cânticos religiosos perturbaram então o silêncio da terra misteriosa. Em seguida começou a luta terrível do imigrante. Cada homem teve de construir a própria casa, arrostando as mais duras intempéries, que apenas permitiam o trabalho duas ou três vezes por semana. Nessas condições, em quatro meses quase metade da pequena expedição tinha sucumbido à doença e ao frio; o resto teve de se fortificar às pressas contra os assaltos do gentio. Estava, porém, criada uma das células iniciais da nação americana.

Na Virgínia, a colonização se fizera, poucos anos antes, pela London Company, com fins mais mercantis. O quase lendário John Smith já ensinara aos companheiros quando primeiro desembarcaram em terras americanas, o segredo do êxito para o colono recém-chegado. "Aqui nada se obtém senão pelo trabalho". E quando a Companhia lhe pedira de Londres notícias de ouro, o velho pioneiro enviou à metrópole o que julgava mais útil: um mapa da região, um resumo das coisas mais necessárias, e conselhos sobre a escolha dos emigrantes apropriados à colonização. Estes, ao se instalarem, submetiam-se à rigidez da lei puritana que os forçava, como impunha Samuel Argall sob pena de morte, a aceitar a doutrina da trindade, o respeito à autoridade da Bíblia e o comparecimento obrigatório à igreja.

Essa gente trazia para o Novo Mundo o princípio de liberdade e rebeldia que os fizera deixar a mãe-pátria: eram representantes do pensamento radical da

Inglaterra no começo do século XVII, em revolta contra a autoridade espiritual e temporal, que emanasse do Rei ou da Egreja. No futuro pioneiro, no fundo de sua alma rude, viria frutificar a semente idealista dos povoadores primitivos da Virgínia e dos peregrinos do "Mayflower", reunida a uma formidável "vontade de poder" que os puritanos souberam tão bem aliar ao utilitarismo. Na terra adotiva desenvolveram as qualidades de homens de ação em luta quotidiana com um clima duro e um solo ingrato, que a neve cobria durante o inverno e no verão só produzia cereais. Quase todos eram lavradores, donos de suas pequenas fazendas, e ajudados pelos filhos lavravam a terra com as próprias mãos. No regime patriarcal desse início ainda não havia escravos. Mais tarde, como em outras partes do continente, criminosos, desertores, indesejáveis, servos, semi-escravizados, negros, se derramaram pelos desertos hospitaleiros. Na mescla, porém, de todos os elementos que compunham a psicologia do colono, em dosagem variável mas constante, foi sem dúvida a forte disciplina religiosa dos primeiros agrupamentos congregacionistas o que fixou o tipo moral predominante na história do país. Foi essa poderosa unidade de espírito social, ajudada por um rigoroso princípio cooperativo, que promoveu e realizou a independência dos Estados Unidos. Nesse processo evolutivo a religião, estabelecida em condições favoráveis de higiene moral, preparou a atmosfera saudável em que pôde prosperar a nação.

Na costa atlântica do continente sul se desenrolou de modo diverso o drama de conquista e povoamento. Muda-se o cenário, mudam os protagonistas. A partilha do mundo novo em duas partes atribuídas a Castela e Portugal, começava em meados do século XVI a ser seriamente atacada pela intervenção de outros povos a quem a mirabilis navigatio de Colombo mostrara o caminho da fortuna. A Renascença e a Reforma modificavam por seu turno a estrutura social e moral da civilização Ocidental. Pactos aparentemente isolados viriam a ter uma significação que os contemporâneos não percebiam. Assim, no mesmo ano em que Cortez sitiava a cidade do México, Lutero queimava em Wittemberg a bula do Papa. Havia no ar, com a surpresa das descobertas, um espírito de renovação e de revolta, precursor de novas ideias e de homens novos. Por essa época começava a estremecer o edifício que a energia lusitana levantara, realizando o sonho ambicioso do "Homem" de Sagres.

Na própria Índia Portugal foi encontrar o motivo de decadência de seu poderio. A derrota na África, a morte de D. Sebastião, a grande perda de homens por ocasião dessas lutas, enfraqueceram o reino que lhe sentia escapar a colônia asiática tão cobiçada. A união com a Espanha, a crescente influência da Inquisição, mais poderosa do que nunca no reinado de Felipe II, completaram a obra de decomposição que lentamente se preparava. Nos últimos anos do reinado de D. João III o estabelecimento definitivo da Inquisição já fora o início da decadência que se agravou rapidamente durante os governos sucessivos de seu neto e de seu irmão.

A situação política, cada vez mais turbada, tinha levado rapidamente o país à anarquia e à perda da independência; em 1580 Felipe de Espanha tomava posse de Portugal: era rei desse reino. "Este havia tido, diz Conestaggio, cinco reis no espaço de dois anos, fato raro, talvez único. E parece que Deus permitiu mudanças tais para castigar a nação, porque todos os cinco arruinaram os seus pobres súditos: D. Sebastião por ousadia, D. Henrique por irresolução, os governadores por medo e parcialidade, D. Antônio por tirania e D. Felipe pelas armas".

Contando o número de fortalezas espalhadas por toda a conquista, Portugal parecia invencível, mas na realidade se enfraquecera pelo alargamento do campo de ação. A queda isolada de um desses baluartes, se não tinha grande importância sob o ponto de vista militar, era, entretanto, uma brecha no prestígio português. Por outro lado o declínio do império colonial era acompanhado pela decadência da metrópole. A nação portuguesa, corrompida pelo luxo e pela desmoralização dos costumes, perdia, pouco a pouco, a sua primitiva vitalidade. Os governos despóticos e incapazes, só conservavam a antiga energia para sustentar a Inquisição.

A administração metropolitana — sobretudo a administração local nas colônias — periclitava em todas as outras funções governamentais. Os representantes do poder real, longe da fiscalização disciplinar de Lisboa, ocupavam-se primeiramente dos proventos pessoais dos cargos que ocupavam. O padre Vieira dizia que a palavra furtar se conjugava de todos os modos na Índia portuguesa. No Brasil avaliavam-se os méritos dos governadores pelas rendas que enviavam à metrópole, e esta se opunha a qualquer aumento de despesa, mesmo produtiva. Os funcionários superiores, por um abuso tolerado, monopolizavam quase todo o comércio: o próprio clero mercadejava. Daí desordens e conflitos que atrasaram sensivelmente o desenvolvimento colonial. Somente em 1666 pôde o governo português proibir o exercício desse comércio, e muito mais tarde, no regime pombalino, foi introduzida a reforma benéfica que aumentou a duração das funções administrativas para os cargos de ultramar. Vinha atrasada, porém; o mal já estava arraigado, para que o curasse, "o despotismo esclarecido" de que falava Pombal. Se os chefes eram venais e peculatários, os subordinados primavam pela ignorância, especialmente os de origem crioula. Quanto ao colono, apático e submisso, pouca resistência oferecia ao jugo governamental. Só o sentia em toda a sua força nos centros de população; no interior do país a distância e o deserto o protegiam.

À dissolução em Portugal, associavam-se a miséria e a fraqueza, "cobrindo-se com as fórmulas de uma religiosidade fervente, como a pobreza e a debilidade se encobriam sob as aparências do esplendor e sob a linguagem da onipotência", disse magnificamente Alexandre Herculano. A imoralidade reinava em toda a parte, sobretudo entre o clero: os mosteiros sustentavam em luxo "mancebas e filhos, mantendo custosas e nédias cavalgaduras, com aves e cães de raça". A sociedade vivia em íntima mistura com mouros e negros, uns forros, outros escravizados. O trabalho servil dos escravos da África sustentava a agricultura, mas a escravidão minava o organismo social, como em toda a parte onde existiu. Os senhores favoreciam os ajuntamentos para aumentarem o número de crias; os filhos de escravos até a terceira ou quarta geração, embora batizados, eram marcados na cara com um ferro em brasa para se venderem; o castigo mais comum era queimá-los com tições acesos, ou com cera, toucinho ou outras matérias derretidas...

Nesse aviltamento e nesses horrores começou a desaparecer o português heróico do século XV, "fragueiro, abstêmio, de imaginação ardente, propenso ao misticismo", que criara o tipo perfeito do homem aventureiro, audacioso e sonhador, livre, sem rebuços nem eufemismos de linguagem, como imaginamos os que pintou Nuno Gonçalves no retábulo de São Vicente.[26] Os indivíduos aos poucos perdiam a dureza da primitiva têmpera. A Índia já os esgotara com os seus encantos e desilusões, dura escola de ferocidade brutal, de cobiça voraz, de luxúria hircina, onde a mocidade portuguesa se ia educando nos vícios e crimes da sedução asiática.

Por esse povo já gafado do gérmen de decadência começou a ser colonizado o Brasil. Frutificaram esplendidamente os fortes troncos que primeiro chegaram à nova terra. Mais tarde só escaparam à degenerescência de além mar os grupos étnicos segregados

26 Cleynaerts, professor belga do irmão de D. João III, pretende numa carta, em que descreve os costumes portugueses da época, que num livro de despesas de um nobre de Lisboa só havia, destinadas a uma refeição, as seguintes: quatro ceitis para água, dois réis de pão, um real e meio para rabanetes... A carta é de 1539.

e apurados por uma mestiçagem apropriada. Foi o caso de Piratininga em que o Caminho do Mar preparou e facilitou para a formação do mamaluco esse "centro de isolamento", da teoria de Moritz Wagner. Outros núcleos de população, como a capitania de Duarte Coelho, mais civilizada, e a Bahia, sede do governo central, se ligavam umbilicalmente ao organismo doentio e enfraquecido da metrópole. Não viviam, para assim dizer, de vida própria; a proximidade da Europa, o intercâmbio comercial, a influência direta da administração central, mil fatores étnicos e econômicos solidarizavam essas colônias com o ritmo vital do velho reino, ora paupérrimo, ora esbanjador de riquezas, mas no caminho fatal para a velhice.

Como da Europa do Renascimento nos viera o colono primitivo, individualista e anárquico, ávido de gozo e vida livre — veio-nos em seguida o português da governança e da fradaria. Foi o colonizador. Foi o nosso antepassado europeu. Ao primeiro contato com o ambiente físico e social do seu exílio, novas influências, das mais variadas espécies, dele se apoderariam e o transformariam num ente novo, nem igual nem diferente do que partira da mãe-pátria. Dominavam-no dois sentimentos tirânicos: sensualismo e paixão do ouro. A história do Brasil é o desenvolvimento desordenado dessas obsessões subjugando o espírito e o corpo de suas vítimas. Para o erotismo exagerado contribuíam como cúmplices — já dissemos — três fatores: o clima, a terra, a mulher indígena ou a escrava africana. Na terra virgem tudo incitava ao culto do vício sexual. Ao findar o século das descobertas o que sabemos do embrião de sociedade então existente é um testemunho dos desvarios da preocupação erótica. Desses excessos de vida sensual ficaram traços indeléveis no carácter brasileiro. Os fenômenos de esgotamento não se limitam às funções sensoriais e vegetativas; estendem-se até o domínio da inteligência e dos sentimentos. Produzem no organismo perturbações somáticas e psíquicas, acompanhadas de uma profunda fadiga, que facilmente toma aspectos patológicos, indo do nojo até o ódio. Por outro lado, como derivativo dessa paixão, outro sentimento surgia na alma do conquistador e povoador, outro sentimento extenuante na sua esterilidade materialista: a fascinação do ouro, exclusiva como uma mania. Tipo representativo e pitoresco da exaltação a que chegaram essas paixões violentas, foi Sebastião Pinheiro Raposo, bandeirante paulista. Vindo de São Paulo, percorreu com a comitiva de camaradas e escravos índios e negros os sertões do Norte e Nordeste, deixando por toda a parte um rasto sanguinolento e uma lenda de riqueza. Acompanhava-o um bando de mucambas, com quem tinha inúmeros filhos. Uma vez, duas destas, exaustas pelo caminho montanhoso, caíram desfalecidas à beira da estrada. O sertanista mandou-as despenhar pelo precipício abaixo, pois "não queria deixá-las vivas para não servirem a outrem". Teve fama de riquíssimo, com as borrachas e surrões sempre cheios de ouro: eram as suas "arrobinhas", dizia. Denominaram-no o rei do Ouro e da Volúpia.

Na luta entre esses apetites — sem outro ideal, nem religioso, nem estético, sem nenhuma preocupação política, intelectual ou artística — criava-se pelo decurso dos séculos uma raça triste. A melancolia dos abusos venéreos e a melancolia dos que vivem na ideia fixa do enriquecimento — no absorto sem finalidade dessas paixões insaciáveis — são vincos fundos na nossa psyché racial, paixões que não conhecem exceções no limitado viver instintivo do homem, mas aqui se desenvolveram de uma origem patogênica provocada sem dúvida pela ausência de sentimentos afetivos de ordem superior. Foi na exaltação desses instintos que se formou a atmosfera especial em que nasceu, viveu e proliferou o habitante da colônia.

Do enfraquecimento da energia física, da ausência ou diminuição da atividade mental um dos resultados característicos nos homens e nas coletividades é sem dúvida o desenvolvimento da propensão melancólica. Post coitum animal triste, nisi gallus qui cantat, afirmava o velho adágio da medicina: é o "colapso", dos médicos, depressão física e moral, passageira em certas condições normais, contínua nos casos de excessos repetidos. No Brasil a tristeza sucedeu à intensa vida sexual do colono, desviada para as perversões eróticas, e de um fundo acentuadamente atávico. Por sua vez a cobiça é uma entidade mórbida, uma doença do espírito, com seus sintomas, suas causas e evolução. Pode absorver toda a energia psíquica, sem remédios para o seu desenvolvimento, sem cura para os seus males. Entre nós, por séculos, foi paixão insatisfeita, convertida em ideia fixa pela própria decepção que a seguia. Absorveu toda a atividade dinâmica do colono aventureiro, sem que nunca lhe desse a saciedade da riqueza ou a simples tranquilidade da meta atingida.No anseio da procura afanosa, na desilusão do ouro, esse sentimento é também melancólico, pela inutilidade do esforço e pelo ressaibo da desilusão.

Luxúria, cobiça: melancolia. Nos povos, como nos indivíduos, é a sequência de um quadro de psicopatia: abatimento físico e moral, fadiga, insensibilidade, abulia, tristeza. Por sua vez a tristeza, pelo retardamento das funções vitais, traz o enfraquecimento e altera a oxidação das células, produzindo nova agravação do mal com o seu cortejo de agitações, lamúrias e convulsões violentas. Influência do clima, dos hábitos de vida, da alimentação, ou do bom ou mau funcionamento das glândulas endocrínicas, que a ciência começa a estudar?

O fato é que há povos alegres e povos tristes. Num mesmo país, em alternâncias de luz e sombra se sucedem os dois estados de espírito. Camponeses sorridentes e felizes da Andaluzia, ao lado da raça dura e sombria das Astúrias; Chins do Norte, sérios e refletidos, Chins do Sul, alegres como crianças; Provençais, descuidados, palradores, vibrantes como cigarras, e Bretões, místicos, reconcentrados, sonhadores.

Buckle diria que as diferenças de clima explicam as várias modalidades de temperamento. Países de luz e calor influindo na psicologia das populações; névoas e escuridão de invernos rigorosos dando uma feição tristonha aos homens de terras frias. No Brasil, o véu da tristeza se estende por todo o país, em todas as latitudes, apesar do esplendor da Natureza, desde o caboclo, tão mestiçado de índio da bacia amazônica e dos sertões calcinados do Nordeste, até a impassibilidade soturna e amuada do Paulista e do Mineiro. Destacam-se somente nesse fundo de grisalha melancolia o Gaúcho fronteiriço, mais espanholado, com um folclore cavalheiresco levemente nuançado de saudade que o acompanha nas correrias revolucionárias — e o Carioca, já produto de cidade grande e marítima, em contato com o estrangeiro e entregue ao lazaronismo do ambiente.

Há povos tristes e povos alegres. Ao lado da taciturnidade indiferente ou submissa do Brasileiro, o Inglês é alegre, apesar da falta de vivacidade e da aparência; o Alemão é jovial dentro da disciplina imperialista que o estandardizou num só tipo; todos os Nórdicos da Europa respiram saúde e equilíbrio satisfeito. O nosso próprio antepassado de Portugal, cantador de fados saudosos, enamorado e positivo, é um ser alegre quando comparado com o descendente tropical, vítima da doença, da pálida indiferença e do vício da cachaça. A poesia popular, as lendas, a música, as danças, revelam a obsessão melancólica que só desaparece com a preocupação amorosa ou lasciva. Luccock, que por aqui andou em princípio do século passado, notou com estranheza esse pendor das populações. "Todos parecem de língua atada — diz o viajante; — não havia brinquedo de meninada, vivacidade de rapazes, gritaria ruidosa de gente mais entrada em anos. O primeiro grito geral que ouvi no Rio foi no aniversário da rainha, em 1810. Seguiu-se a um fogo queimado nesta ocasião, e foi um viva abafado, não frio, porém tímido: parecia perguntar se podia ser repetido".[27]

Se assim era na capital do país, onde já se instalara toda uma corte europeia, é fácil imaginar o aspecto das populações provincianas, umas em plena decadência, outras petrificadas na imobilidade colonial que aliás pouco se diferençava do atraso profundo da própria metrópole.

Desde os tempos primeiros, observa Capistrano a família brasileira teve como sustentáculo uma tripeça imutável: pai soturno, mulher submissa, filhos aterrados. Nesse ambiente se desenvolvia a tristeza do mamaluco, do mazombo, do reinol, abafado na atmosfera pesada da colônia. O português transplantado só pensava na pátria d'além mar: o Brasil era um degredo ou um purgatório. Frei Vicente do Salvador, nos primeiros anos seiscentistas, queixava-se de que os povoadores "não só os que de lá vieram, mas ainda os que cá nasceram... usam da terra não como senhores mas como usufrutários, só para a desfrutarem e a deixarem destruída". Com essa mentalidade, o povoamento se fazia de ádvenas de passagem, que se consideravam vítimas da sorte ou do exílio, irritados ou estupedificados, vivendo uma vida vazia e monótona.

27 John Luccock. *Notes on Rio de Janeiro*, etc., 1820.

O mestiço, já acostumado à contingência do sertão, do perigo, do clima, limitava o esforço à ganância de enriquecimento fácil, ou à poligamia desenfreada, sem nenhuma outra simpatia humana mais elevada. Nada tão seco e árido como um documento dessas épocas. Em nenhum se encontra o informe, ou o desabafo, que abre uma clareira para a visão do ente de carne e osso que nascia, lutava e morria no solo indiferente. Dois grandes fenômenos, apenas, em séculos, parecem indicar o alvorecer de algum sentimento nacional: a luta contra o invasor holandês e a expansão geográfica do movimento de gado e das bandeiras. No primeiro, considerações materiais sobrepujavam os vislumbres de revolta nativista, desde a intervenção dos judeus e cristãos- novos na origem da luta até os planos encobertos de João Fernandes Vieira. No fenômeno do bandeirismo tudo nos demonstra que a preocupação única do sertanista era a aquisição de riqueza, o desenvolvimento de seu negócio em escravos enquanto não aflorava o metal, e quando este surgiu, com ele feneceram as bandeiras. Não se lhe encontra o mínimo apego à pobre vila piratiningana donde partia. Uns voltavam pela atração instintiva do ninho, mais tarde outros se afazendavam em terras longínquas, nos latifúndios pastoris do sertão, ou junto às minas que os tinham atraído e fixado. Do amor ao torrão natal, nem uma única palavra, nem um só gesto. No século da independência norte americana, e antes da sua proclamação, ainda não havia o Americano, mas havia os Virginianos, os Rhode Islanders, os Carolinianos, pertencentes às respectivas províncias. Washington quando se referia à Virgínia dizia sempre: "a minha pátria". Nunca se soube que Fernão Dias Paes dissesse da Capitania de São Vicente: "a minha terra". Era um simples súdito do rei de Portugal, sem nome que o classificasse geograficamente. Nem mesmo o Brasileiro existia nesse período inicial. Vinha-lhe o nome da labuta do pau-brasil, como é carvoeiro o lenhador que produz carvão de madeira.

Ao findar o século XVIII e nos primeiros anos do século seguinte, já tínhamos chegado a um dos pontos culminantes do nosso desenvolvimento histórico. O país ia separar-se da mãe-pátria. Ainda não se formara a nação; apenas a sociedade, como simples aglomeração de moléculas humanas. Começava, no entanto, a se afirmar a consciência geográfica, que fixava e delimitava o território. Examinemos as condições, em que se ia constituir o laço social determinando o crescimento, os movimentos e o agrupamento das populações.

Por essa época, nos centros marítimos, de Pernambuco para o Norte, diversos tipos étnicos contribuíam para a formação contínua do Brasileiro que iria surgir, já em 1817, nas lutas da emancipação política. Havia os europeus, os brancos já nascidos no Brasil, os mulatos de todas as nuanças, os mamalucos cruzados do branco e do índio em todas as suas variedades, os índios domesticados que eram os caboclos do Norte, os Índios ainda selvagens que eram os tapuias, crioulos da colônia, os africanos forros ou escravos, e finalmente, os mestiços, classe inumerável dos que mediavam entre os índios e os negros. No amálgama de todas essas cores e caracteres se instituía na evolução da raça o reino da mestiçagem.

Os brancos nascidos no Brasil vinham das velhas famílias da aristocracia rural; diziam-se alguns descendentes dos primitivos donatários, tinham grande orgulho nessas ascendências e pregavam com algum ridículo a própria importância. Eram os proprietários dos grandes engenhos onde a vida lhes corria quieta e indolente. Fato comum era a bastardia que a escravidão desenvolvia; para corrigi-lo, funcionava frequentemente a roda dos enjeitados que inspiravam à população um carinho quase supersticioso.

O mulato desprezava o mamaluco; pretendia pertencer à classe dos brancos e vangloriava-se em não ter parentes índios. Sentia a sua inferioridade em relação ao branco, desde que este lhe era superior em riqueza; chegava a se humilhar diante de outros mulatos mais ricos ou de melhor condição social. Podia entrar para as ordens sacras e ser magistrado: bastava-lhe um atestado de sangue limpo, mesmo que a aparência desmentisse o certificado. Koster — de quem extraímos estes dados — narra o caso de um preto a quem perguntou se certo capitão-mor era mulato[28]. "Era, porém já não é" foi a resposta, acrescentando a filosofia do negro velho: "Pois um capitão-mor pode ser mulato?". Os regimentos de milicianos chamados regimentos de mulatos tinham oficiais e praças de todos os matizes, recusando-se porém o alistamento aos brancos. O coronel de um desses regimentos do Recife foi a Lisboa e de lá voltou com a ordem de Cristo. Não eram raros os casamentos entre brancos e mulatos sobretudo entre europeus e mulheres de cor que possuíssem algum dote. Brasileiros, ricos ou de alto nascimento, repeliam em regra essas alianças, desde que o sangue mestiço fosse muito visível, acrescenta Koster, com malícia. Mamalucos, havia mais no sertão pernambucano. Eram mais belos do que os mulatos, sobretudo as mulheres. Na independência do carácter, na repugnância pela adulação ao branco, mostravam a nobreza da ascendência livre

28 Henry Koster. *Travels in Brazil*, 1816.

dos dois lados. O índio domesticado era em geral, com as suas virtudes conhecidas, o sertanejo, corajoso, sincero, generoso, hospitaleiro — o tipo clássico da caatinga do Nordeste. O índio selvagem aparecia longe do litoral, nas proximidades do Maranhão. O resto, era o negro africano ou crioulo. Proliferando em todas as variedades do cruzamento, só o negro puro, forro, tinha o orgulho humilde da sua raça: "negro sim porém direito" diziam. Os crioulos possuíam os seus regimentos exclusivos em que oficiais e soldados eram todos pretos. Eram os Henriques, conservando no nome a tradição de Henrique Dias, dos tempos da invasão flamenga. O negro cativo era a base de nosso sistema econômico, agrícola e industrial e como que em represália aos horrores da escravidão, perturbou e envenenou a formação da nacionalidade, não tanto pela mescla de seu sangue como pelo relaxamento dos costumes e pela dissolução do carácter social, de consequências ainda incalculáveis.

De todos os centros marítimos da colônia foi, porém, Recife o menos influenciado pelo mestiço. Além das tradições do seu núcleo aristocrático, uma numerosa colônia europeia, em que sobressaíam os Ingleses, conservava-lhe o aspecto metropolitano, lembrando outras épocas de riqueza e civilização. Ao se aproximar o viajante das terras baixas e dos coqueirais do Recife e das colunas de Olinda, a paisagem produzia-lhe uma agradável impressão, com a casaria branca das chácaras em meio dos laranjais verde-escuros. Só ao desembarcar, no calor do meio dia, tinha a surpresa das ruas cheias de negros, dando à cidade uma aparência sombria e tristonha. Frequentemente, animava-as a chegada dos navios negreiros da costa d'África, exibindo em plena rua o espetáculo asqueroso da venda de escravos. Homens e mulheres, em completa promiscuidade, seminus, se estendiam pelas calçadas ou se acocoravam no chão, indiferentes, mastigando pedaços de cana[29]. De longe se sentia o cheiro acre dessa multidão africana, em geral coberta de pústulas repugnantes. Só ao cair da tarde apareciam nas ruas, a passeio, as famílias. Santo Antônio do Recife, a cidade central, tinha ruas largas e casas grandes, com lojas no rés do chão. Pelas janelas das casas baixas surpreendia- se a intimidade da vida caseira, com mulheres quase nuas, deitadas pelas esteiras das salas e alcovas.

Koster impressionou-se pela opulência e importância da cidade. Pernambuco exportava sobretudo algodão para a Inglaterra e açúcar para Portugal. Atribuiu o seu progresso e bem estar ao governo do capitão general Caetano Pinto de Miranda Montenegro,

29 L. F. Tollenare. "Notas Dominicais".

que julgava administrador prudente e firme. Numa festa elegante a que assistiu o viajante inglês, no arrabalde do Poço da Panela, em meio das danças e alegria das moças apareceu o capitão-mor, amável, prazenteiro. A sua presença, porém, fez calar as risadas, e o baile continuou solene, num murmúrio de respeito. A Koster escaparam, no entanto, os sintomas de efervescência nativista, que vieram explodir mais tarde na revolução de 1817. O governo de Caetano Pinto terminou aí vergonhosamente pela fuga do Capitão general.

Ao Sul, outros centros sociais eram, pela assistência das altas autoridades administrativas, a Bahia e o Rio. Mais do que no Norte, nelas dominava o mal da escravidão. Na primeira, numa população de 80.000 almas, só uma terça parte era de brancos e índios; o resto compunha-se de negros e mulatos. A cidade, sob o sol radioso dos trópicos, era um horrível monturo que devia empestar até o mar alto, como a Lisboa de Byron. Pela escarpa abrupta coleavam 38 ladeiras, ruas e vielas, estreitíssimas, por onde dificilmente passava uma sege. Casas agaioladas de quatro e cinco andares, em geral do século XVII, forradas de urupema, ensombravam e abafavam as ruas com os longos beirais e as saliências das rótulas: uma delas se chamava rua Direita da Preguiça, como um epigrama. Nos três mercados da cidade, as negras vendiam peixe, carne moqueada, baleia no tempo da pesca, e uma infindável coleção de carurus, vatapás, mingaus, pamonhas, acaçás, acarajés, abacás, arroz de coco, feijão de coco e as infinitas qualidades de quitutes baianos, alguns dos quais, dizia o cronista, "ótimos pelo asseio para tomar para vomitórios". Junto aos mercados, em casinholas pequeníssimas e sombrias, moravam as quitandeiras. Nas noites de calor úmido, dos pantanais que de um lado cercavam a cidade, subia um formidável coaxar de enormes batráquios erguendo um alarido de cães de fila. Nas fontes de água impura havia diariamente brigas de negros que aí liquidavam a ponta de faca rusgas por causa da apanha do liquido ou questões de interesse e amor com a polícia e com os galés que concorriam aos chafarizes.

A vida dissoluta do africano e do mestiço invadia a melhor sociedade. Tudo se fazia nesse abandono desleixado e corrompido que é a praga da escravidão. O traje ordinário das mulheres, no interior das casas, era uma simples saia por cima de uma camisa, em geral da mais transparente musselina, muito ornamentada e bordada. Muito larga no pescoço, ao menor movimento caía de um dos ombros, ou mesmo dos dois, descobrindo sem pudor os seios[30].

30 Thomas Lindley. *Voyage au Brésil.* Trad. francesa. Paris 1806.

Nas grandes famílias patrícias um dos luxos consistia no séquito de pretas e mulatas que cercavam as senhoras brancas quando saíam para as procissões. Quinze ou vinte escravas acompanhavam as sinhás moças, vestidas de ricas saias de cetim, camisas de cambraia ou cassa finíssima, cobertas de joias de ouro, cordões, pulseiras, colares, braceletes e barangandãs. O bando percorria, então, o labirinto de becos, travessas e ruelas, requebrado e guizalhante como um cordão carnavalesco.

O mal, porém, roía mais fundo. Os escravos eram terríveis elementos de corrupção no seio das famílias. As negras e mulatas viviam na prática de todos os vícios, Desde crianças[31] — diz Vilhena — começavam a corromper os senhores moços e meninas dando-lhes as primeiras lições de libertinagem. Os mulatinhos e crias eram perniciosíssimos. Transformavam as casas, segundo a expressão consagrada e justa, em verdadeiros antros de depravação. Muitos senhores, por mero desleixo, conservavam nas moradias da cidade dezenas e dezenas de mulatos e negros, em completa ociosidade, pelo simples fato de aí terem nascido. Da promiscuidade surgia toda a sorte de abusos e crimes.

31 Luiz dos Santos Vilhena. *Cartas de Vilhena: notícias metropolitanas e brasílicas*, 1802.

Senhores amasiavam-se com escravas, desprezando as esposas legítimas, e em proveito da descendência bastarda; outros não casavam, agarrados ao vício de alguma harpia que os sequestrava, ciumenta e degradante, por uma vida toda; eclesiásticos constituíam famílias com negras e mulatas, com inúmeros filhos a quem deixavam em herança as mais belas propriedades da terra. Os escravos velhos e doentes porém, jogavam-nos à rua, para mendigarem o sustento. A escravidão, enfim, com todos os seus horrores.

O Rio por essa época pouco se diferençava da Bahia. Um testemunho inteligente (de 1808) nos dá o quadro vivo da cidade e do ambiente social, à chegada do Príncipe Regente[32]. A presença da corte, antiquada, pobre, desmazelada, imprimia aos diferentes aspectos da vida fluminense o tom caricatural, que por tão longos anos caracterizou o ceremonial monárquico no Brasil.

A primeira impressão que teve Luccock foi de que o Rio era, "uma das mais imundas associações de homens debaixo dos céus". Rango, viajante alemão que aqui esteve em 1819, notou logo ao desembarcar o cheiro penetrante, adocicado, que exalavam as ruas cheias de negros carregando fardos, no calor intenso.

32 John Luccock. Op. cit.

A cidade limitava-se à área baixa e pantanosa que encerravam os morros do Castelo, Santo Antônio e São Bento, seguindo-se pela rua dos Barbonos, Guarda Velha, São Joaquim e Vallongo. Além, e imediatamente, começava a mata. Da Glória a Botafogo ia-se por um trilho de animais, e a alta vegetação encobria no trajeto a vista do mar. No campo de São Cristovão caçava-se e era fácil perder-se o caminho. Na parte habitada, em cerca de 4.000 casas, residia uma população de cerca de 60.000 almas, ou de 43.000, refere outro viajante[33], — e deles 40.000 eram negros. Ruas estreitas e em geral em linha reta, calçadas de granito, correndo pelo meio a sarjeta das águas; à noite, mal as alumiavam as lamparinas dos oratórios e nichos. Nas lojas predominavam os boticários e os droguistas. Pelas ruas circulava uma pitoresca mescla de transeuntes, sobressaindo os meirinhos, curvando-se e tirando os sujos chapéus de bico, sebosos, de tope preto. Ao lado de um carro de bois, chiando, passava uma cadeirinha de senhora rodeada de uma multidão de mendigos andrajosos, entre os quais não era raro ver-se algum oficial de milícias, também de mão estendida. Às vezes passavam estranhas figuras de escravos de máscara de ferro, com que os puniam do

33 Andrew Grant. *History of Brazil*, 1859.

vício da embriaguez. De toda essa mistura de cores, de línguas, de trajes, subia no ar vibrante de sol uma alta vozeria, acompanhando as contínuas salvas dos fortes da baía ou o foguetório das festas de igreja, quase diárias. Subitamente, um rebuliço: ajoelhavam-se todos. Era a sege real, balouçando-se nas correias, puxada por duas mulas de arreios remendados, guiados por um lacaio de libré gasta e desbotada. Dentro, o sorriso boquiaberto, de adenoidiano, do Príncipe Regente. Nas horas quentes, esvaziava-se a rua: só negros passavam. Luccock tinha a impressão de estar numa cidade da África. A proporção dos brancos para a gente de cor era de 1 para 9, avaliava Rango[34].

O aspecto da gente era desagradável. O clima quente, a falta de asseio, a carne de porco, produziam terríveis doenças de pele; nas mulheres, a reclusão nas alcovas sem ar empalidecia rapidamente o rosto mais encantador do mundo: aos dezoito anos atingiam a uma maturidade completa, precursora de uma excessiva corpulência com que aos trinta se transformavam em velhas enrugadas.

Na vida social se notavam alguns traços peculiares que o viajante atribui à dissolução dos costumes. Poucos se preocupavam com os mais comezinhos

34 L. von Rango. *Tagebuch meiner Reisen*, 1819- 1820.

princípios da verdade, da propriedade particular ou das virtudes domésticas. A vida de um homem pouco valia: por um patacão um capanga se incumbia do desaparecimento de qualquer desafeto. Nem mesmo — observa o inglês — se recorria a essa sombra da virtude que é a hipocrisia. É essa, acrescenta, a impressão geral que se tem; as exceções existiam, respeitáveis, como em toda parte, mas em geral era grande a proporção de caracteres duvidosos, com visível predisposição para o mal. Escolas públicas não havia, nem qualquer outro estabelecimento para a instrução das crianças. Estas aprendiam a ler nas lojas dos pais, com os caixeiros que a invasão francesa fizera emigrar de Portugal. Nos colégios eclesiásticos pouco mais se ensinava aos que se dedicavam à carreira clerical. Como alimento espiritual, para toda a população, apenas dois ou três vendedores de alfarrábios possuíam algumas obras obsoletas de teologia ou medicina. Dois detalhes bem ingleses terminavam esse quadro. Não havia em toda a cidade uma só escova de dentes: limpavam-nos com os dedos. E tomava-se rapé em abundância, para não sentir o cheiro da cidade.

Isolada no seu altiplano, defendida do contágio europeu pelo Caminho do Mar, a cidade de São Paulo, ainda por essa época, vegetava na indigência de lugarejo provinciano e serrano. A mineração bandeirante tirara- lhe o melhor do sangue com a emigração dos elementos sadios da Capitania; a estúpida administração portuguesa do século XVIII viera em seguida abafar e suprimir o que restava nas populações da antiga fortaleza e independência. Foi quando os Paulistas se barbarizaram de uma vez, informava um governador. Dispersos, escondidos pelas roças, procurando a solidão no seu amuo característico, viviam de canjica, pinhão e içá torrado. "Se alguém, dizia um relatório oficial, fazendo viagem encontrava por acaso um destes, ou lhe foge ou fica tão assustado e preocupado que nem o chapéu lhe tira e se lhe diz a mínima palavra desconfia e "mata logo".

A vida acanhada, porém, não escapava à dissolução geral dos costumes, que se generalizara por toda a colônia. Um ofício do bispo do Rio de Janeiro, de 20 de fevereiro de 1761, dirigido ao conde de Oeiras, já levanta um pouco do véu que encobria os escândalos da Pauliceia. No colégio de São Paulo havia "mestres dissolutíssimos em concubinagem com discípulos" e cita o bispo o padre Manuel dos Santos que vivia com o estudante Antônio José, depois clérigo também, e o padre Ignacio Ribeiro com o músico Ignacinho, e Pedro de Vasconcellos com Joaquim Velloso, etc., etc. Por ciúmes brigaram publicamente o padre Manuel dos Santos com o franciscano fr. Manuel de São Boaventura, e o padre Pedro Barreiros com o corista Vito de Madureira. Nessas cenas disputavam-se os favores da célebre mulata Maria Putiú, amante do padre Martins. Em Santos, em Paranaguá fatos idênticos se repetiam. Se por essas bandas aparecesse um visitador do Santo Ofício, as "confissões de São Paulo" seriam de certo tão curiosas como as da Bahia e Pernambuco.

Três séculos tinham trazido o país a essa situação lamentável. A colônia, ao iniciar-se o século de sua independência, era um corpo amorfo, de mera vida vegetativa, mantendo-se apenas pelos laços tênues da língua e do culto.

População sem nome, exausta pela verminose, pelo impaludismo e pela sífilis, tocando dois ou três quilômetros quadrados a cada indivíduo, sem nenhum ou pouco apego ao solo nutridor; país pobre sem o auxílio humano, ou arruinado pela exploração apressada, tumultuária e incompetente de suas riquezas minerais; cultura agrícola e pastoril limitada e atrasada, não suspeitando das formidáveis possibilidades das suas águas, das suas matas, dos seus campos e praias; povoadores mestiçados, sumindo-se o índio diante do europeu e do negro, para a tirania nos centros litorâneos do mulato e da mulata; clima amolecedor de energias, próprio para a "vida de balanço"; hipertrofia do patriotismo indolente que se contentava em admirar as belezas naturais, "as mais extraordinárias do mundo", como se fossem obras do homem; ao lado de um entusiasmo fácil, denegrimento desanimado e estéril:

São desgraças do Brasil:
Um patriotismo fofo,
Leis com parolas, preguiça,
Ferrugem, formiga e mofo;

indigência intelectual e artística completa, em atraso secular, reflexo apagado da decadência da mãe-pátria; facilidade de decorar e loquacidade derramada, simulando cultura; vida social nula porque não havia sociedade, com as mulheres reclusas como mouras ou turcas; vida monótona e submissa, sem os encantos que a poetizam, no pavor constante dos recrutamentos forçados: esforço individual logo exausto pela ausência ou pela morte e, como observa Capistrano, manifestações coletivas sempre passageiras, certamente pela falta de cooperação tão própria do antepassado indígena; disseminadas pelos sertões, de Norte a Sul, as virtudes ancestrais: simplicidade lenta na coragem, resignação na humildade, homens sóbrios e desinteressados, doçura das mulheres.

Martius, em 1818, regista numa página das suas «Viagens», a impressão que lhe produziram na Bahia as festas do Nosso Senhor do Bonfim e as procissões da Capital. Era, numa mescla fantástica, a exibição de todos os estados sociais e de todas as raças. Confrarias das mais variadas cores — beneditinos, franciscanos, augustinhos, carmelitas descalços e calcados, frades mendicantes de Jerusalém, capuchinhos, freiras — rivalizando na magnificência dos vestuários, bandeiras e insígnias; tropas de linha portuguesas, de aspecto marcial, e pacatas milícias locais; a gravidade e unção dos padres europeus, como que extáticos no esplendor da velha Igreja romana, em meio da algazarra de negros meios-pagãos e de trêfegos mulatos. Espetáculo único — exclama o grande cientista, — resumindo séculos e irrealizável mesmo em Londres ou Paris, e em que se viam, num desfilar de mágica, representantes de todas as épocas, de todas as partes do mundo, de todos os sentimentos, a história inteira da evolução humana, nas suas mais altas ambições, nas suas lutas mais acirradas, nos pontos culminantes de suas paixões e de suas resistências.

Ebulição formidável do cadinho no qual se preparava a formação de um homem novo surgindo para os triunfos de seu destino, ou para uma desilusão e um desastre na realização de sua finalidade histórica e geográfica.

O ROMANTISMO

Nesse organismo precocemente depauperado, exposto às mais variadas influências mesológicas e étnicas, ao começar o século da independência, manifestou-se, como uma doença, o mal romântico.

Defini-lo já é suscitar mil dúvidas. Como expressão dinâmica do espírito humano o romantismo é um fenômeno extenso e complexo. Acompanhá-lo pelos séculos afora é ir à Idade Média, ao neoplatonismo de Alexandria, ao platonismo grego, passando pela Reforma e pela Renascença. Os volumes da formidável bibliografia que dele se ocupa encheriam as estantes de uma biblioteca. Filosofia, artes, sistemas políticos, novos modos de sensibilidade, a cultura, enfim, e a própria civilização ocidental: — foram direta ou indiretamente afetadas pela visão deformadora que constitui a essência do movimento romântico. Uns o contrapõem ao classicismo, representativo do sentimento da ordem, da lógica, do homogêneo, do abstrato, da razão, da clareza, em oposição às tendências concretas de fato e de vida, de tradição e de movimento que caracterizam, para assim dizer, a estrutura básica do pensamento e sensibilidade românticas. Para outros, o romantismo é simplesmente uma atitude ou o modo de ser de uma época turva e revoltada reagindo contra as antigas disciplinas que insistiam sem resultado em abafar a ânsia de independência, tão peculiar às multidões libertadas do fim do século XVIII. Na própria expressão — romantismo — depara-se uma dualidade em que se pode distinguir o romantismo do sentimento e o da inteligência. Um é o sinônimo de lirismo e de pessimismo, o segundo, ao contrário, é uma afirmação de generosidade, de ardor, de fé no inesgotável poder do espírito humano.

Um e outro encontram a sua imediata fonte inspiradora em Jean-Jacques. A fórmula é conhecida: tudo no romantismo vem de Rousseau, em Rousseau tudo é romântico. Dele vem em literatura o egocentrismo sentimental e exibicionista, o sonhar inútil e solitário, o orgulho e o espírito de revolta que deram um cunho tão peculiar às gerações atraídas pela sedução do cidadão de Genebra. Não é menor, porém, a sua influência na história política do mundo. Da sua grandiloquência nasceram os lugares-comuns que forneceram à Revolução francesa a sua empolada fraseologia. Os homens aprenderam no Contrato Social as tiradas que serviram tantas vezes contra os tiranos, os poderosos, e aí ouviram pela primeira vez os hinos entoados à igualdade humana e à liberdade dos povos. Inventa-se a retórica política. O mundo ia embriagar-se com palavras. Quarenta anos depois irrompia a Revolução e antes a América já tinha iniciado a sua libertação.

No Brasil, as primeiras tentativas nacionalistas ligaram-se à declaração da independência dos Estados Unidos, onde frutificava no campo prático a propaganda iniciada pela Enciclopédia e pelos livros incendiários de Voltaire, de Brissot e de Raynal, precursores da própria Revolução Francesa. De 1770 a 1800 as ideias prediletas de Jean-Jacques inspiraram e guiaram os movimentos revolucionários franco-americanos: soberania do povo, liberdade individual, igualdade racial e política, infalibilidade da nação. Aparecem na Proclamação da Independência e na Constituição da Virgínia de 1776, assim como, mais tarde, em França, na Declaração dos Direitos do homem. Até a apagada existência do Brasil colonial chegaram os ecos dessa renovação messiânica que abalava o mundo. Precederam, como era natural num país inculto, o aparecimento do romantismo literário, que veio influenciar as ideias e os sentimentos da alma nacional.

Manifestaram-se, porém, de um modo indiscutível, nas revoluções pernambucanas de 1817 e de 1824. Guiara-as o mais puro entusiasmo romântico.

Romântico foi esse grupo de doze estudantes brasileiros de Coimbra, promovendo em 1786 um encontro entre um deles, José Joaquim da Maia, com Thomaz Jefferson, então embaixador norte americano em Paris. Reuniram-se o moço brasileiro e Jefferson em Nimes, na Provença. A correspondência de Jefferson com J. Jay revela que apesar da aparente fleugma, o velho diplomata se entusiasmou pelos planos do estudante, que pedia o apoio do governo de Washington para o estabelecimento do regime repúblicano no Brasil[35].

35 Merece maior divulgação a carta de José Joaquim da Maia que veio a falecer em Lisboa, de volta para o Brasil. É um belo documento de exaltado patriotismo. Foi o nosso primeiro grito de independência. Escrevia o estudante brasileiro: "Eu nasci no Brasil. Vós não ignorais a terrível escravidão que faz gemer a nossa pátria. Cada dia se torna mais insuportável o nosso estado depois da vossa gloriosa independência porque os bárbaros Portugueses, receosos de que o exemplo seja abraçado, nada omitem que possa fazer-nos mais infelizes. A convicção de que estes usurpadores só meditam novas opressões contra as leis da natureza e contra a humanidade tem-nos resolvido a seguir o farol que nos mostrais, a quebrar os grilhões, a reanimar a nossa moribunda liberdade, quase de todo acabrunhada pela força, único esteio da autoridade dos Europeus nas regiões da América. Releva porém que alguma potência preste auxílio aos Brasileiros, pois que a Espanha certamente se há de unir com Portugal: e apesar de nossas vantagens em uma guerra defensiva não poderíamos contudo levar sós a efeito essa defesa, ou pelo

Românticos também, Domingos Vidal Barbosa e José Álvares Maciel do mesmo grupo dos doze de Coimbra, que planejaram e organizaram em Minas uma resistência à imposição da derrama para a cobrança dos impostos do ouro — mera tentativa de sublevação que não chegou a ter início.

Românticos, os promotores da revolução de 1817, em Pernambuco, em que a "eloquência ossiânica" de Domingos José Martins datava as suas proclamações da "segunda era da liberdade pernambucana". Aí em tudo se imitavam os exageros da Revolução francesa, desde o apelo às senhoras patriotas convidando-as a se desfazerem das suas joias e. ornatos contrários à

menos seria imprudência tentá-lo sem alguma esperança de bom êxito. Nesse estado de coisas, Senhor, olhamos, e com razão somente para os Estados Unidos, porque seguiríamos o seu exemplo, e porque a natureza fazendo-nos habitantes do mesmo continente como que nos ligou pelas relações de uma pátria comum. Da nossa parte estamos preparados a despender os dinheiros necessários, e a reconhecer em todo o tempo a obrigação em que ficaremos para com os nossos benfeitores.

Tenho-vos exposto, Senhor, em poucas palavras a suma do meu plano. Foi para dar-lhe um andamento que vim à França, pois que na América teria sido impossível mover um passo, e não suscitar desconfiança. A vós pertence decidir se pode executar-se a empresa. Se quereis consultar a vossa nação, pronto estou a oferecer- vos todos os esclarecimentos precisos".

Esta carta está na biblioteca da secretaria dos negócios estrangeiros de Washington. Dela há uma fotografa no arquivo do Instituto Histórico, mandada tirar pelo Conselheiro Lopes Netto. É escrita em francês muito incorreto, e Maia a subscreve com o pseudônimo de Vendek.

austeridade republicana, até o corte dos cabelos que deviam ser usados "à Tito".

Romântico, o príncipe de vinte e quatro anos que veio representar no drama da nossa independência o próprio momento histórico que vivia o mundo. Sofria como os contemporâneos do vício das palavras grandiloquentes; cortejava a opinião, "essa rainha do mundo", e no ambiente meio selvático da terra adotiva soltava em liberdade o temperamento ardente de jovem herói sem modos.

Romântico, o nosso pacto constitucional — excelente espécime de romantismo político, disse Sílvio Romero — e que comentadores mais tarde afirmavam assentar em três princípios de um delirante misticismo: "a soberania universal, a unidade da soberania organizada e o equilíbrio do mandato..."

O país nascia assim sob a invocação dos discursos e das belas palavras. Endeusamento, na política, do mesmo liberalismo verboso e sonoro que Victor Hugo ia reclamar para a literatura no prefácio do Hernani. Era o vocabulário de Jean-Jacques aplicado ao país semi- virgem, apenas egresso de um longo colonato. Semelhante ao ingrato território de Berne que Rousseau, de joelhos e em lágrimas, abraçava e beijava, o Brasil aparecia como a terra da liberdade. Por ele lutou, com todo o seu tradicionalismo romântico a maçonaria, desde a Sociedade dos Jardineiros que Francisco Ge Acayaba de Montezuma fundava na Bahia, até o Grande Oriente do Brasil, sob a direção suprema de José Bonifácio, e de que fazia parte o príncipe com o nome de Guatimozim. São da história da época as dissenções maçônicas, que provocaram a dissolução do Grande Oriente por intervenção pessoal do Imperador já então filiado aos Cavalheiros da Santa Cruz, entre os quais se inscreveu sob o nome simbólico de Rômulo...

Romantismo, romantismo, romantismo.

O mal ia, porém, invadir o país de uma maneira mais intensa e mais estranha. O meio era-lhe propício.

O desequilíbrio das inteligências representava as incertezas sociais e políticas do momento histórico. O século XVIII no Brasil-colônia tinha sido o prolongamento da indigência intelectual da metrópole. A escravidão agravava com a sua ação deletéria a prematura senilidade, que aparentavam os grandes centros populosos. Pelos sertões tinham desaparecido as tradições seculares que promoveram, no período heróico, a descoberta, o povoamento e a exploração do país. São Paulo dormia ainda o sono de hibernação sob o domínio dos governadores fidalgos. Minas era um deserto de ruínas, onde se refugiara o latinório dos administradores obsoletos, um ou outro vestígio de cultura própria de gente que fora rica, e o arcadismo português dos poetas da Inconfidência. O Nordeste vivia isolado no seu pastoreio. Para o interior profundo do país se refazia o deserto já sem pioneiros.

Como nos primeiros séculos, a civilização, ou que melhor nome tenha, se limitava à faixa litorânea. Aí a chegada da corte acentuou a desordem dos espíritos pela transplantação de um organismo vetusto e anacrônico para a ingenuidade primária das populações. A parte sadia e sólida da emigração — homens de estado de valor, artistas de fama, bom senso atrasado mas útil na desordem colonial, aspectos inéditos de uma vida mais requintada, toda a súbita surpresa dessa invasão — veio acordar a mandranice brasileira apodrecendo nas delícias da mestiçagem, nas intrigas da carolice, num desleixo tropical, entre mulatas, lundus e festas religiosas.

Neste ambiente de sensualidade e ignorância deparava-se de vez em quando uma individualidade culta, a quem aperfeiçoara o curso em Coimbra ou a autodidaxia desenvolvida pela inteligência espontânea da raça, — núcleo de seleção em que se preparou e se realizou o movimento de independência, arrastando a indolência e o indiferentismo das massas. Formou-se assim o grupo escolhido e de incontestável valor moral e intelectual, a quem coube a princípio a direção dos negócios públicos e em seguida os principais papéis na comédia parlamentar que veio a ser, em grande parte, a história política do Império. Presa fácil para o romantismo, que com as galas de moda francesa atravessava os mares, de 1820 a 1830, sob a inspiração de Hugo, Vigny, Lamartine e depois de Lamennais.

Costuma-se dizer que a nova escola literária chegou ao Brasil em 1836, com os Suspiros poéticos e Saudades, de Gonçalves de Magalhães. Uma simples data, como ponto de referência para estudos críticos. O livro, que é medíocre, teve realmente um sucesso hoje incompreensível. Correspondia, porém, a um estado de espírito em evolução, a uma nova sensibilidade latente e de que já havia traços na política nacional e na poesia do nosso pré-romantismo desde certas tendências da escola mineira até o anacreontismo do Patriarca. Os jornais da época, no Rio, atestam a pobreza do meio líterário. Os livreiros anunciavam como última novidade a Galatée, de Florian e o Honrado Negociante, de Marmontel; para os mais requintados, o Chevalier de Faublas e as Aventures de Telémaque. Aos poucos leitores os anódinos Suspiros de Magalhães impressionaram certamente como uma manifestação revolucionária e, diríamos hoje, modernista.

Acolheram-na dois centros intelectuais que eram as escolas de direito fundadas em 1827 em Olinda e São Paulo[36], e em que se formaram, sobretudo na última, os dois grandes focos de infecção romântica.

Em Pernambuco dominou por mais tempo o que restava no Brasil de espírito colonial. Era uma Coimbra brasileira que se instalava numa dependência do convento de S. Bento. O seu papel no preparo da mocidade estudiosa do país foi acentuadamente político e jurídico. Educava homens práticos, os idealistas vieram depois[37], só muito mais tarde, com Tobias Barreto e Castro Alves. Na nossa formação política, porém, a influência pernambucana representou uma extensa tradição liberal e nativista, — desde os tempos de Frei Francisco do Rosário, de Jorge de Albuquerque, do autor do Diálogo e de Bento Teixeira Pinto, — disse Capistrano, — e desde a reação da guerra holandesa até as tentativas revolucionárias de 1710, 1817 e 1824. E de Olinda e Recife saíram os mais notáveis políticos do segundo império: Nabuco, Euzébio, Ferraz, Wanderley, Sinimbú, Zacharias[38].

36 A criação das escolas foi o resultado de uma proposta que em 1832 apresentava à Câmara um grupo de deputados chefiados por Martim Francisco. Dizia o projeto de lei: "Haverão" duas universidades..." Estava patente a necessidade de instrução, pelo menos primária...

37 Clóvis Bevilaqua. *História da F. de D. do Recife*, II vol.

38 De uma carta do Dr. Netto Campello, diretor da Faculdade de Direito de Recife, respondendo a uma indagação de Graça Aranha, ex-

São Paulo, pelas condições especiais de meio e geográficas, teve influência mais intensa na formação social e intelectual. Foi o grande centro romântico.

A própria cidade, no seu tradicional isolamento de serra acima, oferecia um aspecto romanticamente melancólico e espanhol, entre pinheiros e casuarinas, com as suas tardes cinzentas de vento sul. Por meados do século passado, pelas ruas desertas calçadas de pedras vermelhas, ainda passava uma ou outra cadeirinha levada por escravos de calção e libré. À tarde, despertavam o sossego provinciano as cavalgadas de estudantes que iam namorar e espairecer pelos arrabaldes; às ave-marias, os presos da cadeia, acorrentados aos pares, acendiam, entre ruído de ferros, os lampiões da iluminação pública. Duas ou três horas depois, o sino grande do Colégio tocava longamente a hora de recolher. Começava a vida noturna da cidadezinha acadêmica. Pelos bairros afastados, na Ponte Grande, Glória, Consolação, Pinheiros, Marco de Meia Légua, enchiam-se de estudantes as vendas à beira da

traímos as seguintes linhas:.... "toda a vida acadêmica anterior a 68 pode ser fixada em três períodos ou épocas distintas; uma, digamos utilitária, em que a feição pragmática do ensino como que desviou a mocidade dos devaneios da ficção; outra, já em Recife, em que as manifestações de religiosidade tudo absorveram; uma terceira, mais ou menos incolor, verdadeiro período preparatório da época vibrante, tumultuária, que lhe sucedeu e em que brilharam Castro Alves, Tobias, etc.".

estrada. Como nas orgias de Newstead se bebia cachaça em crânios humanos, coroados de rosas. Era a Noite na Taverna.

Byron era o deus desse culto, que se celebrava — como dizia um verso do tempo — num ambiente exaltado de "Mistério, Noite, Amor, Infâmia e Pranto".

Em 1845 fundava-se em São Paulo a "Sociedade Epicureia". "Eram diversos os pontos em que nos reuníamos: ora nos Ingleses, ora nalgum outro arrabalde da cidade, narra um dos membros da associação. Uma vez estivemos encerrados quinze dias, em companhia de perdidos, cometendo ao clarão de candeeiros, por isso que todas as janelas eram perfeitamente fechadas desde que entrávamos até sair, toda a sorte de desvarios que se podem conceber."[39]

Álvares de Azevedo, Aureliano Lessa, Bernardo de Magalhães, foram os poetas célebres desse cenáculo. Davam a nota entre a estudantada da época, sobretudo o primeiro, de uma precocidade genial. Nos meios acadêmicos celebrizaram-se tanto pelo talento lírico dos seus vinte anos em pleno desabrochar como pelas excentricidades de românticos descabelados, tentando realizar numa vida acanhada as idealizações de Byron, Musset, Espronceda e George Sand.

39 Paulo do Valle, citado por Spencer Vampré. "Memórias para a História da Academia de S. Paulo", vol. I.

Levavam a loucura aos mais incríveis extremos. Ceavam e embriagavam-se com morféticos acampados nas imediações da cidade. Um poeta apanhou a terrível moléstia nessas saturnais do byronismo. Outros se perderam no alcoolismo barato, que sempre foi de moda na velha academia paulistana, ou devorados pela sífilis das cafuzas e sararàs, que pululavam à noite nas ruas escuras da Pauliceia, comparsas repugnantes nos punchs das vendas ou nos "banquetes negros" dos cemitérios.

Um destes ficou assinalado nos anais acadêmicos. Fora organizado por uns trinta rapazes sobre as pedras tumulares da Consolação e ao clarão de uma lua romântica embaciada de garoa. Esquentados pelo cognac, resolveram aclamar uma Rainha dos Mortos. Violaram uma sepultura recente para dela retirarem um caixão levado à cidade em procissão ao som de um cantochão de defuntos e à procura de alguma pobre coitada que se prestasse à macabra comédia. Trouxeram-na à força, fechada no caixão ainda sujo de terra e molambos de carne; desceram-no entre cantos e recitativos até o fundo da cova e aí ia realizar-se o ajuntamento simbólico, quando se verificou que a desgraçada tinha realmente sucumbido no pavor de tão fúnebre encenação. "Osculei um cadáver" rugiu entre horrorizado e triunfante o "noivo do sepulcro", soltando a demoníaca gargalhada da época...[40].

Mocidade, romantismo, literatura.

De 1840 em diante, e talvez se possa dizer até hoje, essas gerações de moços, espalhando-se anualmente pelo país inteiro, levavam para o que se chamava nos banquetes de formatura "a vida prática" as miragens, as ilusões poéticas, o mau gosto artístico e literário, a divinização da Palavra, todo o divórcio entre a realidade e o artifício, que é em suma, a própria essência do mal romântico. Vinha a infecção das margens do Tietê ou do Capibaribe e aos poucos contaminava o Brasil inteiro. Caracterizam-na dois princípios patológicos: a hipertrofia da imaginação e a exaltação da sensibilidade. Deformou insidiosamente o organismo social, muitas vezes sob o disfarce de inteligências brilhantes em que a facilidade de apreensão e de expressão substitui a solidez do pensamento e do estudo. Dá ao Brasil, neste momento de progresso material e de mentalidade prática e concisa, o aspecto anacrônico de gente viva falando uma língua morta. Tudo avassalou: política, literatura, artes, viver quotidiano, modos de sentir, afeições.

40 Dr. Pires de Almeida. *A Escola byroniana no Brasil. (Jornal do Commercio*, 1904-1905).

Em política — na que é feita de boa fé — domina o país o mesmo liberalismo palavroso da nossa origem romântica, desde a Constituição imperial, o Ato Adicional, o parlamentarismo até o pacto fundamental da República. A arte de governar tem sido um habilidoso discursar em que sempre reaparecem, com outras roupagens, as velhas ideias de Hugo, de Michelet e de Quinet. Declarações, por sua própria natureza sisudas e ponderadas, tomam a aparência dos piores desvarios do romantismo. No império, um chefe do partido liberal, diplomata e senador, exclamava como um herói de Ossian: "Saiu-me de encontro a política, a infecunda Messalina, que de seus braços convulsos pelo histerismo a ninguém deixa sair senão quebrantado e inútil; veio- me ao encontro, arrastou-me para as suas orgias..." Outro, orador dos mais afamados, em pleno parlamento, perorava em discurso célebre: "Em nosso país, na pedra isolada do vale, na árvore gigante da montanha, no pincaro agreste da serrania, na terra, no céu e nas águas, por toda a parte, Deus estampou o verbo eterno da liberdade criadora na face da natureza, antes de gravá-la na consciência do homem".

Ainda agora, na realpolitik deste século, é quase sempre um documento puramente romântico a mensagem — plataforma dos nossos chefes de Estado. Um destes dedicou em peça oficial uma alínea inteira à apologia do amor. Em literatura, basta abrir um jornal, ouvir uma conferência, ou folhear o último livro publicado para se descobrirem, latentes, inconscientes mas indeléveis, os traços sintomáticos da infecção romântica. Apesar da crescente influência da revolução modernista, que está transformando o mundo, a nossa indolência primária ainda se compraz no boleio das frases, na sonoridade dos palavrões, "nas chaves de ouro". A existência mesma do indivíduo, em suas relações sociais e afetivas — as nossas histórias de amor, os estados d'alma, as feições e gestos, os mais íntimos sentimentos — têm um irresistível pendor para efusões literárias, que um entusiasmo mal contido, explosivo, faz oscilar entre o vulcanismo e a tartarinada. Só escapam à nefasta influência os simples, os analfabetos, os que representam ingenuamente a alma popular, ou então os raros que tentaram e souberam evitar o perigo da deformação literária.

Nos países da Europa, onde nasceu e medrou o romantismo, a sua ação foi intensa na vida social da época, sobretudo no período de 1830 a 1850, em que a literatura influenciou de modo tão sensível a própria sociedade e seus costumes, e foram inumeráveis as "vítimas do livro", como dizia o revoltado Jules Vallés. Época dos lagos serenos, dos luares de prata, dos sinos da tarde. Foi moda que passou. Dela apenas ficaram as obras primas que a inspiraram. No Brasil, do desvario dos nossos poetas e da altiloquência dos oradores, restou-nos o desequilíbrio que separa o lirismo romântico da positividade da vida moderna e das forças vivas e inteligentes que constituem a realidade social. Hipertrofia da imaginação e da sensibilidade, e pela lei das reações em que todo excesso se paga, misantropia e pessimismo. São dois característicos do mal do século. O romântico adora a própria dor. É a fonte mais abundante da sua inspiração. "Homem, exclamava o autor de Atala, tu só existes pela tristeza de tua alma e pela eterna melancolia do teu pensamento". O romantismo foi de fato um criador de tristeza pela preocupação absorvente da miséria humana, da contingência das coisas, e sobretudo pelo que Joubert chamava o insuportável desejo de procurar a felicidade num mundo imaginário.

Entre nós o círculo vícioso se fechou numa mútua correspondência de influências: versos tristes, homens tristes; melancolia do povo, melancolia dos poetas. A nossa primeira geração romântica já fora triste, porque religiosa e moralizante, observou José Veríssimo; na segunda a tendência se acentuou pelo ceticismo e desalento dos chefes da escola. Perseguia-os a ideia contínua da morte próxima e, como a uma mulher desejada, lhe faziam versos amorosos.

Quase todos os nossos poetas desse tempo morreram moços e tiveram o pressentimento dessa fatalidade. Morte e amor. Os dois refrãos da poesia brasileira. O desejo de morrer vinha-lhes da desorganização da vontade e da melancolia desiludida dos que sonham com o romanesco na vida de cada dia. E fisicamente fracos pelo gasto da máquina nervosa, numa reação instintiva de vitalidade, procuravam a sobrevivência num erotismo alucinante, quase feminino. Representavam assim a astenia da raça, o vício das nossas origens mestiças.

Viveram tristes, numa terra radiosa.

POST-SCRiPTUM

Em meio dos defeitos de que deve estar inçado este livro, será forçoso reconhecer-lhe uma qualidade: não é regionalista, a menos que se queira atribuir ao Brasil inteiro a pecha de ser simplesmente uma região do continente americano. Fiquem assim tranquilos os adversários do regionalismo. Pensado e escrito numa cidade de província, gaba-se o autor de ter fechado os olhos à mera aparência das cousas ambientes, absorvente, tirânica e tantas vezes falsa.

Para fugir à influência do bovarismo paulista, talvez desculpável pecado de mocidade, quem escreveu estas linhas adotou, como se fosse artista, o processo goetheano na criação das obras da arte: isolou-se. A província, em falta de outros atrativos, sabe proporcionar a quem nela vive e trabalha, na serenidade da involuntária solidão, o dom inestimável da liberdade e do sossego: só nela é possível imaginar a longa sala de estudo, com que sonhava Renan, forrada de livros por dentro, revestida por fora de rosas trepadeiras e escondida na paz de um bairro tranquilo. A mim, esse isolamento provinciano deu-me perspectiva suficiente para alongar a vista pelo Brasil todo, pelos outros Brasis, onde com frequência, se encontra o segredo do passado e a decifração dos problemas de hoje. Mesmo para tratar da tristeza brasileira foi necessário reagir contra o exagero desse sentimento nas populações desta província. Nem todo o país sofre como aqui do mal soturno. Estudá-lo neste recesso, onde se apurou e se fortaleceu, seria estender erradamente sobre o resto do nosso povo o véu melancólico da tristeza paulista, já conhecido de Anchieta e que, mais que nenhum outro, pesa e asfixia. Seria adotar as generalizações deformadoras do regionalismo...

Este "Retrato" foi feito como um quadro impressionista. Dissolveram-se nas cores e no impreciso das tonalidades as linhas nítidas do desenho e, como se diz em gíria de artista, das "massas e volumes", que são na composição histórica a cronologia e os fatos. Desaparecem quase por completo as datas. Restam somente os aspectos, as emoções, a representação mental dos acontecimentos, resultantes estes mais da dedução especulativa do que da sequência concatenada dos fatos. Procurar deste modo, num esforço nunca atingido, chegar à essência das coisas, em que à paixão das ideias gerais não falte a solidez dos casos particulares. Considerar a história, não como uma ressurreição romântica, nem como ciência conjectural, à alemã; mas como conjunto de meras impressões, procurando no fundo misterioso das forças conscientes ou instintivas, as influências que dominaram, no correr dos tempos, os indivíduos e a coletividade. É assim que o quadro — para continuar a imagem sugerida — insiste em certas manchas, mais luminosas, ou extensas, para tornar mais parecido o retrato.

Na sua magistral dissertação "Como se deve escrever a história do Brasil" já Martius duvidava da importância real de repetir-se o que cada governador fez ou deixou de fazer, o indagar-se de fatos de nenhum alcance histórico sobre a administração de cidades, municípios ou bispados, ou a escrupulosa acumulação de citações e autos que nada provam, sendo muitas vezes de duvidosa autenticidade. Outro campo, mais vasto, mais profundo, indica o grande sábio a quem se propuser a escrever o que os alemães chamariam a história pragmática do Brasil.

Largo estudo em que apareceriam, encontrando-se e fundindo-se, as três raças cujos efeitos de recíproca penetração biológica deverão produzir o novo tipo étnico que será o habitante do Brasil. Ir procurar na própria terra os resíduos de "uma muito antiga posto que perdida história" e que a ciência moderna começa a ligar e aparentar a outras civilizações primitivas emigradas do ocidente americano, além-mar, e ainda latentes nas mitologias, teogonias e geogonias das raças aborígenes. Estudar o povoador português da colonização primeira, e que o momento histórico do Renascimento, a paixão descobridora, a ânsia de enriquecer e viver às soltas, lançaram na esplêndida aventura das grandes viagens conquistadoras. Esse colono, célula inicial da nossa formação, procurar apanhá-lo vivo na sua entidade histórica, sitiá-lo na sua roça, na sua fazenda, no seu engenho, no seu curral, ou na incipiente indústria, em intimidade de relações com vizinhos e escravos. Ou encontrá-lo organizador de entradas pelos sertões, cativando índios sob o disfarce da procura de ouro e pedras preciosas, menos feliz na rapina que o seu próprio irmão, o soldado da Índia, aventureiro irrequieto, sem eira nem beira, que sob a égide do cruzeiro atacava, saqueava e destruía as populações indígenas do Malabar. Conhecer enfim o negro africano, nos seus costumes, preconceitos e superstições, nos defeitos e virtudes, máquina de trabalho e vício, criada para substituir o índio mais fraco e rebelde, e que se tornou companheiro inseparável do branco, ambicioso e sensual.

Martius foi o primeiro a assinalar o papel do negro na nossa formação racial, e assim tocou no problema mais angustioso dessa evolução. O negro, entre nós, pode ser considerado sob dois aspectos: como fator étnico, intervindo pelo cruzamento desde os primeiros tempos da colônia — e como escravo, elemento preponderante na organização social e mental do Brasil.

Já na armada de Cabral havia escravos, diz Varnhagen. Na capitania de São Vicente, dezesseis anos depois de fundada, avultava a escravaria africana(41). Exportava-a Portugal em larga escala; segundo Domingos de Abreu Brito, de 1575 a 1591, o tráfico para as colônias elevou-se a mais de 52.000 peças. Em 1584, Anchieta calcula em 10.000 os africanos de Pernambuco, em 3.000 os da Bahia. Em 1600, refere Capistrano, a colônia devia possuir cerca de 20.000 negros da África, incluindo os filhos de africanos. Por essa época já devia ser intenso o processo geral de cruzamento, ramificando-se nas mais variadas designações: mamalucos, mazombos, crioulos, mulatos, curibocas, caboclos. Exemplo frisante é o de João Fernandes, que veio à confissão durante a visitação do Santo Ofício

41 É uma informação de Varnhagen. Capistrano não a julga provável. Em 1630, porém, a escravidão africana já estava muito desenvolvida na capitania de S. Vicente. O códice "Pernambuco" da coleção Castelo Melhor, M. S. da Bibliot. Nac. I. 1. 2. 44, diz: "La tierra y vílla de San Paulo tiene muchos Indios de país conquistados y muchos negros de Angola de los navios que todos los anos van al rio de Janeiro que está ally serca...".

em 1594, em Pernambuco, filho de Francês e de mamaluca, amancebado com uma mulata[42].

Na colônia o fator africano não se isolou ao dar-se a fusão dos elementos de povoamento. Ao contrário. Assim como o braço negro substituiu o trabalho indígena, sensivelmente inferior ao africano, do mesmo modo a negra, mais afetuosa e submissa, tomou no gineceu do colono o lugar da índia. A hiperestesia sexual, que vimos no correr deste ensaio, ser traço tão peculiar ao desenvolvimento étnico da nossa terra, evitou a segregação do elemento africano, como se deu nos Estados Unidos dominados pelos preconceitos das antipatias raciais. Aqui a luxúria e o desleixo social aproximaram e reuniram as raças. Nada e ninguém repeliu o novo afluxo de sangue. Salvo uma ou outra objeção aristocrática, que já não existe, o amálgama se fez livremente, pelos acasos sexuais dos ajuntamentos, sem nenhuma repugnância física ou moral. Repetiu-se o que já acontecera com o índio cruzado com o europeu adventício na poliginia dos primitivos povoamentos. Pelo contrário, tornou-se lendária a sedução da negra e da mulata para o colono português.

O nosso problema é, pois, diferente do norte- americano, que é complexo pelo conflito racial que aqui

42 Visitação do Santo Offcio a Pernambuco. M. S. inédito do Arquivo Nacional do Tombo.

não existe e pelas dificuldades econômicas e políticas, sem solução nos Estados Unidos, a não ser pelo extermínio de um dos adversários. Entre nós, a mescla se fez aos poucos, diluindo-se suavemente pela mestiçagem sem rebuço. O negro não é um inimigo: viveu, e vive, em completa intimidade com os brancos e com os mestiços que já parecem brancos. Nascemos juntos e juntos iremos até o fim de nossos destinos.

Ha, porém, o problema da biologia, o da etnologia, e mesmo o da eugenia. A questão da desigualdade das raças, que foi o cavalo de batalha de Gobineau e ainda é hoje a tese favorita de Madison Grant proclamando a superioridade nórdica, é questão que a ciência vai resolvendo no sentido negativo. Todas as raças parecem essencialmente iguais em capacidade mental e adaptação à civilização. Nos centros primitivos da vida africana, o negro é um povo sadio, de iniciativa pessoal, de grande poder imaginativo, organizador, laborioso. A sua inferioridade social, nas aglomerações humanas civilizadas, é motivada, sem dúvida, pelo menor desenvolvimento cultural e pela falta de oportunidade para a revelação de atributos superiores. Diferenças quantitativas e não qualitativas, disse um sociólogo americano: o ambiente, os caracteres ancestrais, determinando mais o procedimento do indivíduo do que a filiação racial.

Afastada a questão de desigualdade, resta na transformação biológica dos elementos étnicos, o problema da mestiçagem. Os americanos do Norte costumam dizer que Deus fez o branco, que Deus fez o negro, mas que o diabo fez o mulato. É o ponto mais sensível do caso brasileiro. O que se chama a arianização do habitante do Brasil é um fato de observação diária. Já com 1/8 de sangue negro, a aparência africana se apaga por completo: é o fenômeno do "passing", dos Estados Unidos. E assim na cruza contínua de nossa vida, desde a época colonial, o negro desaparece aos poucos, dissolvendo-se até a falsa aparência de ariano puro.

Etnologicamente falando, que influência pode ter no futuro essa mistura de raças? Com o indígena, a história confirmou a lei biológica da heterosis em que o vigor híbrido é sobretudo notável nas primeiras gerações. O mamaluco foi a demonstração dessa verdade. Nelle se completaram admiravelmente — para a criação de um tipo novo — as profundas diferenças existentes nos dois elementos fusionados. A história de São Paulo, em que a amalgamação se fez intensamente, favorecida pelo segregamento, é prova concludente das vantagens da mescla do branco com o índio. Hoje, entretanto, depois de se desenrolarem gerações e gerações desse cruzamento, o caboclo miserável — pálido epígono — é o descendente da esplêndida fortaleza do bandeirante mamaluco. A mestiçagem do branco e do africano ainda não está definitivamente estudada. É uma incógnita. Na África do Sul Eugen Fischer[43] chegou a conclusões interessantes: a hibridação entre boers e hotentotes criou uma raça mista, antes uma mistura de raças, com os característicos dos seus componentes desenvolvendo- se nas mais variadas cambiantes. Tem no entanto um defeito persistente: falta de energia, levada ao extremo de uma profunda indolência. No Brasil, não temos ainda perspectiva suficiente para um juízo imparcial. A arianização aparente eliminou as diferenças somáticas e psíquicas: já não se sabe mais quem é branco e quem é preto. Na Austrália, Mark Twain encontrou situação idêntica, em que era falta de tato perguntar, na sociedade, notícias do avô...

O mestiço brasileiro tem fornecido indubitavelmente à comunidade exemplares notáveis de inteligência, de cultura, de valor moral. Por outro lado, as populações oferecem tal fraqueza física[44], organismos tão indefesos contra a doença e os vícios, que é uma

43 Eugen Fischer. *Die Reobother Bastards und das Bartardie rungsproblem der Menschen.*
44 Piso, no século XVI já observava que a mescla das três raças europeia, americana, africana, tinha produzido novas doenças, ou as conhecidas tão modificadas que eram verdadeiros enigmas para os médicos.

interrogação natural indagar se esse estado de coisas não provém do intenso cruzamento das raças e sub-raças. Na sua complexidade o problema estadosunidense não tem solução, dizem os cientistas americanos, a não ser que se recorra à esterilização do negro. No Brasil, se há mal, ele está feito, irremediavelmente: esperemos, na lentidão do processo cósmico, a decifração do enigma com a serenidade dos experimentadores de laboratório. Bastarão 5 ou 6 gerações para estar concluída a experiência.

O negro, porém, além de elemento étnico, representou na formação nacional outro fator de imensa influência: foi escravo. Um dos horrores da escravidão é que o cativo, além de não ter a propriedade do seu corpo, perde também a propriedade de sua alma. Essa fraqueza transformou-se em função catalítica no organismo social: reduziu à própria miséria moral e sentimental do negro a ilusória superioridade do senhor de escravos. Vimos nos diferentes séculos a que ponto de infiltração chegou na sociedade colonial o predomínio do africano e do mulato. Nos tempos de hoje nos esquecemos de que há poucas décadas de ano ainda viviam no país cerca de 2 milhões de escravos, numa população total de quatorze milhões — de que uma boa parte era de mestiços. Na promiscuidade do convivio, verificava-se que a escravidão foi sempre a imoralidade, a preguiça, o desprezo da dignidade humana, a incultura, o vício protegido pela lei, o desleixo nos costumes, o desperdício, a imprevidência, a subserviência ao chicote, o beija-mão ao poderoso — todas as falhas que constituíram o que um publicista chamou a filosofia da senzala, em maior ou menor escala latente nas profundezas inconfessáveis do carácter nacional.

Foi essa a visão genial que Martius teve da nossa história quando aconselhava o estudo das três raças para a sua completa compreensão. Hoje é quase um lugar comum falar-se no melting pot em que se fundem as três grandes contribuições étnicas do nosso passado, representando três continentes, às quais se juntaram mais tarde as imigrações europeias de vário sangue e que deverão ter profunda influência no Brasileiro futuro. A fusão foi iniciada desde a descoberta e diariamente continua a evolução em que se prepara a consolidação da raça e da sua estrutura social. Na ordem psicológica, o problema é igualmente complexo. Sugerimos nestas páginas o vinco secular que deixaram na psyché nacional os desmandos da luxúria e da cobiça, e em seguida, na sociedade já constituída, os desvarios do mal romântico. Esses influxos desenvolveram-se no desenfreamento do mais anárquico e desordenado individualismo, desde a vida isolada e livre do colono que aqui aportava, até as lamúrias egoístas dos poetas enamorados e infelizes. Como reagentes nos faltaram, na nossa crise de assimilação, o elemento religioso, a resistência puritana da Nova Inglaterra, a hierarquia social dos velhos pioneiros americanos, o instinto de colaboração coletiva. Ubi bene, ibi patria, diz o nosso profundo indiferentismo, feito de preguiça física, de faquirismo, de submissão resignada diante da fatalidade das coisas. Nos primeiros tempos produzimos os mais magníficos exemplares de bruta força humana, mas não conseguimos preparar a argamassa que liga os grande povos idealistas. Explosões esporádicas de reação e entusiasmo apenas servem para acentuar a apatia quotidiana.

A indolência e a passividade das populações facilitaram, porém, a preservação da unidade social e política do vastíssimo território. Apenas teve Portugal ideia da topografia de seus domínios americanos, traçou- lhes logo por limites o Amazonas e o Prata, fronteiras naturais, orgânicas dentro dos quais se desenvolveu a atividade vital da colônia, rompendo as barreiras políticas que tentaram fixar o tratado de Tordesilhas e os que se seguiram[45]. Neste vasto território pôde a administração conservar a coesão da nova

---

45 Capistrano de Abreu. *Sobre uma história do Ceará. Rev. Brasileira*, ano III. tomo IX.

terra favorecida pela língua comum (nenhum dialeto perturba essa uniformidade), pelo culto da mesma religião, pelo ódio inato e tradicional ao castelhano. O atraso, os próprios vícios e defeitos da burocracia central portuguesa foram os fatores preponderantes nesse processo de unificação. A tradição histórica forjara, durante séculos, um formidável instrumento de influência e governo na organização centralizadora da metrópole. Já D. João IV, ao assumir o governo em 1640, conservara a estrutura administrativa colonial que tinham dado a Portugal os reis espanhóis. Com pequenas modificações de regulamentos essas leis perduraram até 1808. O papel supremo competia ao Conselho d'Estado a quem incumbia a nomeação dos vice-reis e governadores, a escolha dos membros de outros conselhos e a direção dos negócios estrangeiros. O antigo Conselho das Índias (a casa da Mina ou casa de Guiné) transformara-se em Conselho Ultramarino, dirigindo as possessões de além-mar em todos os casos civis, militares e religiosos. Apresentava candidatos aos bispados e arcebispados coloniais e aos lugares de governadores, exceto ao de vice-rei e governador geral da Bahia. Arrendava os rendimentos do fisco nas colônias e depositava os saldos no tesouro real. Apesar de ter a fiscalização dos tribunais das colônias pertencia a um outro conselho privado (o desembargo do paço) a proposta ao rei dos candidatos às funções judiciárias, tanto nas colônias como na própria metrópole. Havia porém, falhas graves nessa organização. A competência, por exemplo, do Conselho Ultramarino era extensa mas insuficientemente delimitada, e não lhe pertencendo a nomeação dos governadores e juízes faltava-lhe autoridade sobre esses representantes do poder real. Entretanto, em todos os ramos da atividade social da colônia, se sentia a ação contínua e minuciosa da pesada máquina administrativa de Lisboa. Pôde assim nivelar o terreno, como um compressor. A ela devemos, em grande parte, a preservação da unidade territorial até o movimento separatista que iniciou a chegada do Príncipe Regente. Bolivar, no mesmo continente e à frente da Venezuela, da Nova Granada, do Peru, da Bolívia não alcançou o mesmo resultado apesar da identidade de origem, de língua e de costumes dos países que o seu gênio guerreiro libertara. Entre nós, encerrado o período colonial, o Brasil-Reino, a intervenção superior dos homens da independência e do primeiro reinado, a extinção da guerra civil, a centralização monárquica completaram a obra que os séculos tinham lentamente preparado. Ao chegarmos aos dias de hoje, é esse o grande milagre.

Fixemos o olhar por um instante na realidade visível, palpável e viva desse Hoje que surge, se transforma e desaparece num relance, como na corrida de um automóvel a paisagem que passa.

Damos ao mundo o espetáculo de um povo habitando um território — que a lenda mais que a verdade — considera imenso torrão de inigualáveis riquezas, e não sabendo explorar e aproveitar o seu quinhão. Dos agrupamentos humanos de mediana importância, o nosso país é talvez o mais atrasado. O Brasil, de fato, não progride; vive e cresce, como cresce e vive uma criança doente no lento desenvolvimento de um corpo mal organizado. Se esta terra fosse anglo-saxônica, em 30 anos teria 50 milhões de habitantes, afirmou Bryce com o seu desdém britânico. Ao contrário, espalham-se pelo nosso território grupos humanos incertos, humildes, salvo um ou outro foco de expressão nativista, abafados e paralisados em geral por uma natureza estonteadora de pujança, ou terrivelmente implacável. Aí vivem à solta numa terra comum. A população aumenta por uma proliferação que o clima favorece; éramos 3 milhões ao começar o século XIX; já chegámos a 35 milhões, ou mais, com um crescimento animal, nestes últimos tempos, de perto de um milhão. Atingiremos com relativa facilidade os algarismos astronômicos das imensas aglomerações asiáticas, mas em quase toda a extensão das costas longuíssimas os velhos caranguejos de frei Vicente se limitam a arranhar as areias do litoral. O sertão todo, o grande sonho dos pioneiros, segregado na sua longínqua independência, é a mesma terra que palmilharam Spix e Martius, Saint-Hilaire, Neuwied, Mawe e tantos outros. Como no tempo dos "valentões" de que falava Southey, o cangaço domina o âmago do país: é uma tradição do mandonismo. Nas povoações crestadas do Nordeste reinam como nas épocas primitivas as crendices e o fanatismo das "santidades". O paludismo, a cachaça, a sífilis, o amarelão, a indolência desanimada, completam o quadro. E assim vegetam no nosso grande Planalto Central, mais de 5 milhões dos nossos 8.500.000 quilômetros quadrados.

Pelas costas do oceano, e em manchas de civilização material, nos planaltos da serra do Mar, da Mantiqueira e nos campos do Sul, o progresso é uma indústria que, como na China, é explorada, numa rápida absorção, pelos capitães estrangeiros e os poucos grupos financeiros nacionais que só cogitam — como é natural — dos próprios interesses. Nesses oásis, e revivendo o tempo das bandeiras, tudo se deve à iniciativa privada. Foi o particular que desbravou a mata, que ergueu as plantações, que estendeu pela terra virgem os trilhos dos caminhos de ferro, que fundou cidades, abriu fábricas, organizou companhias e importou o conforto da vida material. O poder público, pacientemente, esperou os frutos da riqueza semeada. E logo em seguida criou o imposto, como os governadores do século XVIII e a metrópole estúpida, na loucura do ouro, criaram os quintos, os dízimos, as dízimas, a capitação e a derrama. Nesse afã, porém, a administração pública faliu, não podendo acompanhar o movimento progressista, ora lento, ora impetuoso. E assoberbado, num afobamento tonto, ficou atrás: é quase um empecilho e um trambolho. No resto do país o caso se agrava: os homens, de incapazes, tornaram-se desonestos e pela cumplicidade dos apaniguamentos eleitorais, aceitaram com pequena relutância o consórcio das funções administrativas com os interesses mercantis. A fragilidade humana fez o resto, que é a vergonha da nação.

Na desordem da incompetência, do peculato, da tirania, da cobiça, perderam-se as normas mais comezinhas na direção dos negócios públicos. A higiene vive em grande parte das esmolas americanas; a polícia, viciada pelo estado-de-sítio, protege criminosos e persegue inocentes; as estradas de ferro oficiais, com os mais elevados fretes do mercado, descarrilam diariamente ou deixam apodrecer os gêneros que não transportam; a lavoura não tem braços porque não há mais imigrantes; desaparece a navegação dos rios; a cabotagem suprime o comércio litorâneo; o dinheiro baixa por decreto, e o ouro que o deve garantir não nos pertence. À lavoura de café acena-se com a valorização artificial dos preços descuidando-se do barateamento do custeio, do aumento da produção e do desenvolvimento do consumo; os seringais são abandonados, ou vendidos por nada, porque os impostos excedem o preço das mercadorias; o açúcar, como nos tempos coloniais, não pode competir com o estrangeiro; o algodão é vítima da negligência do preparo, da praga, e só existe pela proteção aduaneira; a pecuária, sem seleção e sem transporte, explorando o rebanho nativo, não dá carne para os frigoríficos que funcionam com intermitências, obrigando-nos a recorrer ao xarque dos vizinhos; o cacau, sobrecarregado de impostos, não pode lutar contra os concorrentes africanos e asiáticos. A Justiça (sem a qual, dizia o padre Vieira, não há reino, nem província, nem cidade, nem ainda companhia de ladrões que se possa conservar), a Justiça, em contato com os interesses da politicagem, dificilmente resiste ao arbítrio e ao abuso de poder; o Exército, caríssimo, desaparece, desorganizado pelo ódio e pelo medo; a Marinha, sem navios, vegeta na baía de Guanabara: é uma repartição pública. Está tudo por fazer, nada se faz, e segundo a chapa corrente — não se sabe para quem apelar.

O analfabetismo das classes inferiores — quase de cento por cento — corre parelhas com a bacharelice romântica do que se chama a intelectualidade do país. Sem instrução, sem humanidades, sem ensino profissional, a cultura intelectual não existe, ou finge existir em semi-letrados mais nocivos do que a peste. Não se publicam livros porque não há leitores, não há leitores porque não há livros. Ciência, literatura, arte, — palavras cuja significação exata escapa a quase todos. Em tudo domina o gosto do palavreado, das belas frases cantantes, dos discursos derramados; ainda há poetas de profissão. Um vício nacional, porém, impera: o vício da imitação. Tudo é imitação, desde a estrutura política em que procuramos encerrar e comprimir as mais profundas tendências da nossa natureza social, até o falseamento das manifestações espontâneas do nosso gênio criador. Emerson dizia dos americanos do seu tempo que a mania da imitação — mal que também conheceram — lhes vinha da superstição da Viagem, fornecedora do alimento espiritual que não sabiam encontrar na própria terra, mas onde somente se desenvolve e se apura a alma da raça. Imitação quer dizer importação. Nesta terra, em que quase tudo dá, importamos tudo: das modas de Paris — ideias e vestidos, — ao cabo de vassoura e ao palito. Transplantados, são quase nulos os focos de reação intelectual e artística. Passa pelas nossas alfândegas tudo que constitui as bênçãos da civilização: saúde, bem-estar material, conhecimentos, prazeres, admirações, senso estético.

Para tamanha importação supõe-se como nos países sadios, uma formidável exportação. Essa, porém, é antes uma perda de substância, como dizem os alemães, do que a colocação no estrangeiro de produtos de nossa terra e do nosso trabalho. Exportamos sobretudo ouro que não possuímos. Ouro, para os juros e amortizações dos empréstimos exteriores; ouro, para os automóveis que não fabricamos; ouro para as fitas dos inúmeros cinemas que pululam como sangue-sugas até os confins dos sertões. Sangria contínua, exaustiva. Fatal depauperamento de consequências incalculáveis.

Sobre este corpo anêmico, atrofiado, balofo, tripudiam os políticos. É a única questão vital para o país — a questão política. Feliz ou infelizmente, não há outro problema premente a resolver: nem social, nem religioso, nem internacional, nem de raças, nem graves casos econômicos e financeiros. Somente a questão política, que é a questão dos homens públicos. Há-os de todo o gênero: os inteligentes, os sagazes, os estúpidos, os bem-intencionados (dantesca multidão), os que a sorte protege como nas loterias, os efêmeros, os eternos. É o grande rebanho que passa, pastando, de que falava Nietzsche. De vez em quando surge uma individualidade, ou nascente ou já sacrificada pela incomensurável maioria: os nomes dessas exceções, de raros, acodem logo ao bico da pena, mas de fato e desde muito, estão desaparecendo rapidamente os que possuíam, na expressão dos historiadores românticos, "o magnetismo da personalidade".

O mal vem de longe. Em seguida ao primeiro império, período heróico em que se fundou num ímpeto romântico a nossa nacionalidade — entrámos nesse estranho segundo reinado, de homens eminentes, ilustrados (apesar do acentuado atraso português), de ilibado carácter, mas que passaram 50 anos a representar, com seriedade e numa terra que era um deserto com povoados esparsos de populações mestiças, a comédia do parlamentarismo à inglesa. Além das leis liberais que eram votadas como se se destinassem ao mais esclarecido dos condados da Inglaterra, e além dos discursos de admirável eloquência parlamentar, só nos ficou, talvez, dessa época falsa e estéril, a consolidação da unidade nacional e a abolição. Apenas duas datas para um longo reinado. O país desconhecia geralmente o que fosse administração pública. O Imperador, pouco inteligente, substituindo pelo patriotismo o que lhe faltava em dotes de homem-de-

-Estado, não escondia o desprezo pelas preocupações terra-a-terra da gestão dos negócios públicos. Deu-lhes, porém, uma feição característica, que será a glória da monarquia: o respeito religioso do dinheiro público. Consequência natural de uma das regras do Decálogo, esse princípio fundamental de governo decorria da observação integral e estrita da Lei soberana. Daí o ter sido o Império, por excelência, a época dos jurisconsultos. Atingimos nesse momento, o mais elevado ponto de consciência jurídica a que pode chegar um povo. Leis, leis, leis. Só faltou aquela a que se referiu Ferreira Vianna: a lei que mandaria pôr em execução todas as outras... A decadência, no entanto, acentuava-se pelo próprio abandono do princípio monárquico e dinástico. O enfraquecimento do poder moderador — que era a opinião pública inexistente e indispensável ao regime parlamentar — comprometia o funcionamento regular da máquina política. A questão militar, mal de nascença de que nunca se curou o país, a desorganização dos partidos, as falhas da administração, o romantismo da abolição, a desordem geral dos espíritos — fizeram a República, nesse 15 de novembro que foi a journée des dupes da nossa história. E é o que aí está.

O profundo abalo da mudança de forma de governo, a inevitável transmutação de valores sociais e políticos, deram a princípio uma aparência de vitalidade ao organismo nacional. Mas não estava longe o atoleiro em que hoje chafurdamos. Quarenta anos de experiências mal sucedidas nos trouxeram à situação atual. Os homens de governo sucederam-se ao acaso, sem nenhum motivo imperioso para a indicação de seus nomes, exceto o das conveniências e cambalachos da politicagem. Em tão longos anos, só Rio Branco resolveu as questões de limites, o presidente Alves saneou a capital (outra vez em perigo), e reconquistamos o Acre, de novo em começo de abandono. O mais não existirá para a história. Nos Estados, entretanto, instalavam-se as oligarquias, de cujo perigo já nos advertia Saint Hilaire, e sob o disfarce do que se chamou a "política dos governadores". Em círculos concêntricos esse vício orgânico vem cumular no próprio poder central que é o sol do nosso sistema. Aí, realizando o famoso sorite do velho Nabuco, João elege a Pedro, que elege a Antônio, que por seu turno volta a eleger ao João primitivo. Como na Bíblia.

Para tão grandes males parecem esgotadas as medicações da terapêutica corrente: é necessário recorrer à cirurgia. Filosoficamente falando — sem cuidar da realidade social e política da atualidade — só duas soluções poderão impedir o desmembramento do país e a sua desaparição como um todo uno criado pelas circunstâncias históricas, duas soluções catastróficas: a Guerra, a Revolução.

A Guerra, em toda a História, tem sido a terrível reveladora de capacidades que a rotina, a inveja, o egoísmo e a defesa natural dos açambarcadores de posições de mando, encobrem, afastam, anulam. Os novos, os pobres, os esquecidos, os oprimidos surgem quando se ateia nas cidades e nos campos o fogo devastador das invasões; é quando se abre o período das falências governamentais. O herói providencial é uma criatura das vicissitudes da Guerra. Vem muitas vezes das camadas profundas do povo onde o vão encontrar as necessidades da salvação pública. Será entre nós, numa longínqua possibilidade, quem sabe, um gaúcho do Sul, ou fazendeiro paulista, ou seringueiro do Acre, ou jagunço do Nordeste, ou mesmo esse desocupado da Avenida Central, frequentador de cafés como Lenin, freguês paupérrimo da Rotonde, do Montparnasse, meses antes de ser ditador e senhor absoluto de 120 milhões de almas.

A Revolução é a outra solução. Não uma simples revolta de soldados, ou uma investida disfarçada para a conquista do poder — formas prediletas nos povos de meia-civilização e que a desordem generalizada tem agora feito surgir em países tradicionalmente cultos. Seria encerrar numa modalidade estreita a ânsia de renovação que é a própria pulsação vital da História. A Revolução virá de mais longe e de mais fundo. Será a afirmação inexorável de que quando tudo está errado, o melhor corretivo é o apagamento de tudo que foi mal feito. A humanidade, acordando do falso sossego da ante-guerra, encaminha-se aos poucos para modificações radicais que lhe transformarão não só o aparelho político e financeiro como também a própria essência mental. Procede-se nessa grande crise — a maior certamente de que tenha conhecimento a memória dos homens — à revisão dos antigos valores materiais e espirituais, até hoje consagrados, e pelos quais se bateram durante séculos Oriente e Ocidente. Entram em luta de vida ou de morte os mais variados "ismos" com que nunca sonhou a filosofia humana: Capitalismo, Comunismo, Fordismo, Leninismo. Força nova que surge como destruidora das velhas civilizações e das quimeras do passado. É a Revolução.

Em meio desse cataclisma em preparo, que papel caberá ao Brasil? O da mais completa ignorância do que se passa pelo mundo afora. Dorme o seu sono colonial. Ainda acredita no embalo dos discursadores, nas teorias dos doutrinários e na enganadora segurança dos que monopolizaram, pela fraqueza dos indecisos, as posições de domínio e proveitos. Não vê o desastre que se aproxima; não vê o perigo de estarmos à margem dos grandes caminhos mundiais da navegação e da aviação; não vê que a terra se tornou pequena demais para os imperialismos, pacíficos ou guerreiros, e que é um paradoxo a laranjeira à beira da estrada, carregada de laranjas doces... Apesar da aparência de civilização, vivemos assim isolados, cegos e imóveis, dentro da própria mediocridade em que se comprazem governantes e governados. Neste marasmo podre será necessário fazer tábua rasa para depois cuidar de renovação total.

Para o ideal novo caminhamos todos na limitação das nossas contingências, conscientes ou inconscientes, e envolvidos em mil laços que são as tradições, as amizades, o dinheiro, os maus hábitos do meu pensamento e da minha vida — e os vossos...

Estas palavras não serão certamente compreendidas. Para uns, pura fraseologia; para outros, mera manobra de política que toma a tangente de dissertação filosófica. É que a ideia de Revolução, não sendo confusa, é pelo menos complexa. Exprime a síntese de duas tendências opostas: esperança e revolta.

Para o revoltado o estado de coisas presente é i n - tolerável, e o esforço de sua ação possível irá até a destruição violenta de tudo que ele condena. O revolucionário, porém, como construtor de uma nova ordem é por sua vez um otimista que ainda acredita, pelo progresso natural do homem, numa melhoria em relação ao presente. É o que me faz encerrar estas páginas com um pensamento de reconforto: a confiança no futuro que não pode ser pior do que o passado.

São Paulo, 1926-1928.